INVENTAIRE
V 51.720

AF590558

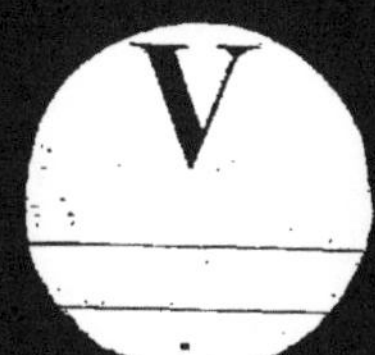
V

CATALOGUE
DES ESTAMPES
DES ÉCOLES D'ITALIE ET D'ESPAGNE,
ET DES DESSINS
TANT DE CES ÉCOLES QUE DES ÉCOLES GERMANIQUES,

COLLIGÉS

PAR M. A.-P.-F. ROBERT-DUMESNIL.

Estampes.

AMATO ou AMATUS (François) (*).

1 (**). Sainte Famille (1) (***). — Saint Jérôme (3). — Saint Christophe (4) ; Ier état.

Morceau inconnu à Bartsch.

I (****). *Repos en Égypte.* La Vierge, assise à gauche au pied d'une colline ornée de trois arbres, tient sur son giron l'Enfant Jésus debout, qui joue avec les branches d'un palmier. Saint Joseph, assis au delà, s'appuie sur son bâton. La monture de la Sainte Famille est soignée par un Ange, dans le fond de la droite. Morceau sans nom ni marque.

L. : 8 p. 6 l. ; H. : 6 p. 3 l.

(*) Tous les maîtres qui, comme celui-ci, sont compris dans le *Peintre-Graveur* de M. Bartsch ne seront indiqués, dans ce Catalogue, que sous leur nom seulement. Les noms de ceux qui sortiront de cette catégorie seront accompagnés, autant que faire se pourra, des lieux et dates de naissance et de décès.

(**) Les numéros au commencement des articles indiquent la nomenclature des lots de la vente.

(***) Les numéros en parenthèse se réfèrent au *Peintre-Graveur* de M. Bartsch, à moins que nous n'avertissions du contraire.

(****) Les numéros en chiffres romains seront employés pour les pièces qui auraient jusqu'ici échappé aux recherches des chalcologues.

AMERIGHI (MICHEL-ANGE), dit LE CARAVAGE, né en 1569, mort en 1609.

2. I. Un Soldat semble s'interposer entre un homme et une femme vus de profil aux deux côtés de l'estampe, qui paraissent se quereller. Ces trois figures sont à mi-corps. Au haut, à gauche : CARAVAGIO F. ROMA, 1603.

L. : 5 p. 3 l. ; H. : 4 p. 2 l.

II. Le *Vide Thomas*. Composition de quatre figures vues à mi-corps. Notre-Seigneur, debout à gauche, présente la plaie de son côté à saint Thomas, debout du côté opposé, en avant de deux autres apôtres, lequel y plonge le doigt. Dans la marge, à gauche : *Michelellange Caravage pincyt.*

L. : 10 p. 7 l. ; H. : 8 p. 4 l., y compris l. de marge.

De ce morceau deux épreuves : la première est celle que nous venons de décrire ; la seconde en diffère aux signes ci-après : l'inscription a été retouchée ; on ne voit plus que les trois premières lettres du mot pincyt. *On lit dans la marge, à droite :* I Robillart ex.

MM. Huber et Rost, dans leur Manuel, sont les premiers qui aient parlé de cette pièce, en l'attribuant au Maître. Nous la croyons sortie de la pointe d'un des élèves de *Vouët*.

ANDREA (ZOAN OU JEAN).

3. La Danse de quatre femmes (18) : *Très belle.*

4. Panneau d'arabesques (26). — Panneau d'ornemens (33).

Morceau inconnu à Bartsch.

I. *Panneau d'ornemens à doubler*. A gauche, un Satyre vu de face, soutient une tablette où est représenté le combat d'un cavalier contre des fantassins, laquelle supporte un dragon chimérique. A droite, un Enfant, debout sur une corne d'abondance, est coiffé d'un pot à feu d'où s'envole un aigle chimérique. Au bas, pend un médaillon renfermant un portrait autour duquel on lit : ATILA FLA DEI.

H. : 5 p. ? L. : 4 p.

ANDREANI (ANDRÉ). *Voyez* au mot : CLAIRS-OBSCURS.

ANESI (PAUL), *dessinateur et graveur à la pointe, florissait à Rome en 1748.*

5. *Veduta di Porta Castello.* — *Veduta della Madonna del*

Rosario a Monte Mario. — *Veduta che và a Murotorto.* — *Veduta del Teuore a mano manca fori di Porta del Popolo*; quatre pièces numérotées 2, 3, 6 et 8. On lit dans les marges, à gauche : *P. Anesi del. e sc.* L. 7 p. ; H. : 4 p. 4 l., non compris les marges. — Vues prises dans les campagnes de Rome, 3 pièces; 2 sont sans marques. Dans la marge de l'autre, on lit, à gauche : *P. Anesi inu e sc.* L. : 6 p. 11 l. à 7 p. 1 l. ; H. : 4 p. 6 à 11 l. — Vues des environs de Rome, 2 pièces. On lit dans les marges, sur l'une, à droite, et sur l'autre, du côté opposé : PAVOLO ANESI F., ou SDVC. H. : 6 p. 7 à 8 l. ; L. : 5 p.

ANGELI (JEAN-BAPTISTE d'), surnommé TORBIDO DEL MORO.

6. Sainte Famille (11) ; IIe état. *Belle.* — Le Tombeau d'un évêque (13). *Belle.*

7. Les Saisons (22); Ier état. *Belle.* — Romulus et Rémus (29). *Belle.*

Morceau inconnu à Bartsch.

8. I. Deux Anges soutiennent le corps mort du Sauveur placé sur un roc au milieu de l'estampe et dont la couronne d'épines gît au milieu du bas. La Sainte Vierge, debout et vue de face au fond, étend les bras et lève les yeux au ciel. On lit, au dessous de la couronne d'épines : *Batta. cognominato del Moro.* H. : 12 p. 3 l. ; L. : 8 p. 2 l. *Très belle.*

ANGELI (MARC), surnommé TORBIDO DEL MORO.

9. La sibylle Tiburtine (3) ; Ier état, c'est à dire avant l'adresse de *Camocio. Belle.*

ANONYMES

OU ESTAMPES NE PORTANT NI NOMS NI MARQUES D'AUTEURS.

§ Ier.

ANONYMES. *Vieux Maîtres italiens. Pièces citées par Bartsch*, T. XIII.

10. Frise aux Tritons (§ IV, n° 7). — Virginius tuant sa propre fille (§ VI, n° 5) ; *Très belle.* Il manque 2 p. sur la largeur, à droite.

11. La Sottise sur le trône (§ VI, n° 10). IIe état. *Belle.* — La Tempérance (§ VI, n° 51). *Copie du temps.*

§ II.

ANONYMES *de l'École de Marc-Antoine. Voyez Bartsch*, T. XV.

12. Joseph racontant ses songes à ses frères (n° 5, p. 10). *Belle.*

13. La coupe de Joseph trouvée dans le sac de Benjamin (n° 7, p. 11). L. : 10 p. 4 l. ; H. : 6 p. 4 l. — La Naissance de la Vierge (n° 1, p. 13).

14. Saint Ambroise et Théodose (n° 1, p. 22). *M. Bénard, Catalogue Dijonval, attribue ce morceau au Maître à la Ratière.*

15. Saint Jean dans le désert (n° 4, p. 25); Ier état. *Très belle.*

16. Les Horaces et les Curiaces (n° 2, p. 29). *Épreuve de la plus grande fraîcheur.*

17. La magnanimité de Scipion (n° 3, p. 30). *Belle.*

18. Scipion et Annibal (n° 5, p. 31); Ier état. *De la plus grande fraîcheur.*

19. Bacchante montée sur un bouc (n° 3, p. 36). *Très belle.*

20. Psyché emportée dans l'Olympe (n° 5, p. 36.) *Très belle.*

21. La Naissance d'Adonis (n° 12, p. 42). *Belle.* — Jupiter foudroyant les Géans (n° 16, p. 45). *Très belle et de la plus grande fraîcheur.*

22. L'Abreuvoir des Bœufs (n° 8, p. 51), Ier état ; la planche entière, non retouchée et sans l'adresse d'*Ant. Sal. Épreuve de la plus grande fraîcheur.*

Morceaux non connus de Bartsch.

23. I. Guerrier debout, s'appuyant, d'une main, sur son bouclier et étendant l'autre sur la flamme d'un autel de sacrifice érigé à gauche, et sur le renfoncement duquel on voit le millésime MDLV. Un homme mort gît à terre aux pieds du guerrier. Composition dans le goût du Parmesan.

H. : 4 p. ; L. : 2 p. 6 l.

II. Sibylle debout, à gauche, au pied du trône d'un roi qui paraît saisi d'effroi à ses prédictions. Goût du Parmesan.

L. : 13 p. ; H. : 10 p.

III. *Sacrifice d'un bouc.* Le pontife est debout à gauche, posant la main sur une offrande composée d'une corbeille de fruits étant sur l'autel au milieu. L'un des sacrificateurs, agenouillé du côté opposé, s'apprête à frapper la victime.

L. : 5 p. 6 l. ; H. : 4 p. 4 l.

24. IV. Homme caressant une femme tenant un porc en laisse. Ils sont couchés près d'un arbre qui s'élève à droite.

L'Amour debout au fond, de ce côté, chasse à coups de pierre l'animal immonde, emblême de la luxure. *Pièce libre.*

L. : 5 p. 2 l. ; H. : 3 p.

25. V. *La Femme et l'Aigle.* Une femme, assise au pied d'un arbre s'élevant à droite, semble accepter l'offre d'un lièvre que lui fait un aigle planant à gauche. Une ville occupe le fond de ce côté.

H. : 6 p. 3 l. ; L. : 4 p. 7 l.

26. VI. *Les Tireurs d'arc* (*). Les Vices dans l'état de nudité, courbés et rampant sur le devant et se grandissant dans le lointain, tendent leurs arcs et décochent leurs flèches vers le Terme de la Vertu, érigé à gauche, au delà de l'Amour livré au sommeil de l'innocence. Deux autres enfans attisent et soufflent un foyer allumé à droite. Au bas, à gauche : MICH. ANG. BONAROTI. INV.

L. : 12 p. 9 lig. ; H. : 8 p. 10 l. *Superbe épreuve, avant l'adresse de Lafreri.*

27. VII. *Apollon et Marsyas.* Apollon, debout à gauche, s'apprête à écorcher Marsyas adossé à un gros arbre, au milieu, auquel il est attaché par les deux bras. Dans la marge, trois distiques, commençant par *Aususcum Phœbo satyrus....*

H. : 14 p., y comp. 17 l. de m. ; L. : 9 p. 9 l. *Très belle.*

Plus, cinq autres morceaux, sujets variés.

§ III.

ANONYMES *de l'École de Fontainebleau.* Voyez *Bartsch.* T. XVI, *p.* 376 *et suivantes.*

28. La naissance de la Sainte Vierge (6). — Saint Jean l'Évangéliste et saint Antoine, premier ermite (34).

29. Romulus et Rémus (40). — Hector soutenant l'effort des Grecs (50).

30. Jeune homme buvant (81).

31. L'Homme près du feu, qu'on revêt d'un manteau (86). — Combat de plusieurs hommes (95).

(*) C'est le nom vulgaire de cette estampe, peu en rapport avec la composition de haute portée qu'elle représente, véritablement digne de *Michel-Ange.*

Morceaux inconnus à Bartsch.

32. I. *La Pêche miraculeuse.* La scène se passe au fond, où l'on voit une ville en perspective. Notre-Seigneur est assis à droite, dans un bateau, donnant la bénédiction à un de ses apôtres agenouillé devant lui, en avant d'un batelier tenant une perche. Un second bateau se voit à la file, monté de trois hommes, dont deux retirent les filets. Sur le premier plan, à gauche, on aperçoit deux femmes assises avec un enfant debout; et à l'opposite, deux disciples du Seigneur marchant vers un bois, dont l'un compte sur ses doigts. Une mère, portant son enfant, est assise derrière eux. Composition dans le goût de Raphaël. Morceau sans marque et *très beau.*

L. : 12 p. ; H. : 9 p. 7 l. ?

33. II. *Ballet ou Mascarade qui amena l'incendie de Persépolis* (*). A la gauche du devant, deux jeunes gens attachent des grelots à leurs jambes ; cinq autres sont du côté opposé ; l'un d'eux tient un flambeau. L. : 14 p. 5 l. H. : 10 p.

34. III. *La sibylle Tiburtine et Auguste.* Ils sont debout au milieu, l'empereur adorant la Vierge que la sibylle lui montre planant sur un nuage et environnée d'anges, au haut de la droite. Composition dans le goût du Parmesan. H. : 10 p. 9 l. ; L : 8 p. 4 l. (**).

35. IV. *La Charité.* Assise sur une pierre, au milieu de l'estampe, sur laquelle elle s'appuie de la main gauche, elle tient sur elle un enfant qui l'embrasse, ce qui est le sujet de l'envie de quatre autres enfans qui l'entourent. Deux autres enfans sont assis au bas, à droite. Morceau dans le goût de *Léonard Thiry.*

L. : 7 p. 4 l. ; H. : 5 p. 1 l.

(*) Cette composition a été gravée à l'eau-forte, d'après un tableau du Primatice, qui ornait la chambre dite d'Alexandre, entre la salle de Bal et celle des Gardes, au château de Fontainebleau ; tableau qui n'a pas été rétabli dans la restauration récente de cette chambre, servant depuis longtemps de cage d'escalier, et cela, sans doute, parce que l'estampe a manqué au peintre. Il a donc préféré un sujet qui n'a jamais existé là. *Et voilà justement comme on écrit l'histoire.*

(**) Nous avons rencontré plusieurs épreuves de cette pièce, signées, au bas, en écriture ancienne, du nom de *F. Despèches.* Il faut avouer que, si cet artiste a exécuté réellement ce morceau, il acquit plus de talent que ses autres pièces n'en promettaient.

V. Cartouche orné au bas, savoir : aux deux côtés, de deux couples de Satyres qui s'embrassent, et au milieu, d'une tête de bouc. Des Amours supportent des guirlandes de fruits au haut. Le champ est vide. L. : 6 p. 11 l. ; H. : 4 p. 9 l.

VI. Rinceau où l'on voit, à droite, un Satyre et une Satyresse ayant entre eux l'amour. Une corbeille de fruits repose sur l'épaule du Satyre, dans laquelle un autre amour butine. L. : 11 p. 9 l. ; H. : 7 p. 9 l.

VII. La mer baigne la gauche et le bas de ce morceau qui offre au delà un continent habité par une foule de quadrupèdes la plupart dirigés à gauche et regardant les habitans de la mer, dont la tête sort des flots. Au haut de la gauche : *Q'uesti son le bestie di terra, e pesi de mar.* L. : 8 p. 5 l. ; H. : 8 p.

§ IV.

Anonymes *non cités, vieux maîtres plutôt allemands qu'italiens.*

36. I. Morceau difficile à expliquer, offrant une femme debout sur une sphère renversée, en avant d'une construction somptueuse, tenant, de la main gauche élevée, une tête d'homme. H. : 3 p. 3 l. ; L. : 2 p. 3 l.

37. II. Le corps du Sauveur est soutenu sur son séant au bord du sépulcre, par la Vierge et saint Jean. H. : 8 p. 2 l. ; L. : 6 p. 8 l.

38. III. La Vierge assise sur un trône avec l'enfant Jésus. Ils donnent la bénédiction et distribuent des chapelets à un roi, à un pape et à d'autres personnages agenouillés aux deux côtés. La composition est bordée, aux deux côtés et au bas, de dix compartimens offrant des sujets du Nouveau-Testament. Même dimension.

§ V.

Anonymes *non cités, vieux maîtres italiens.*

39. IV. *L'enfer du cloître de Pise.* On voit, au milieu, un monstre hideux assis, dévorant, étranglant de ses deux mains et foulant aux pieds différens damnés. La composition présente quatre compartimens superposés qui la traversent. Au haut, à gauche, on lit : QVESTO + ELINFERNO + DEL + CHAPOSANTO + DIPISA + L. : 10 p. 4 l. ; H. : 8 p. 1 l.

40. V. *Saint Jérôme.* Il est agenouillé à droite, implorant le crucifix planté au milieu, et prêt à se mortifier d'un caillou qu'il

tient de la main gauche. Deux lions se battent à gauche et deux vaisseaux sont dans un port, au fond, du même côté. Même dimension.

41. VI. *Le Jugement de Salomon.* Assis sur son trône au milieu et dirigé à droite où il regarde, le sage roi paraît convaincu et reconnaît la véritable mère. L'enfant mort gît en travers au milieu du bas. L. : 8 p. 3 l.; H. : 5 p. 6 l.

A la Bibliothèque royale de Paris, ce morceau est classé parmi les pièces du Maître aux deux PP liés au bas par une espèce de nœud.

§ VI.

ANONYMES *non cités, maîtres des XVIIe et XVIIIe siècles.*

42. Trente-deux pièces la plupart gravées à l'eau-forte, représentant des sujets pieux et des sujets emblématiques ou historiques, des allégories et des études de têtes.

ANTOINE DE TRENTE. *Voyez* à CLAIRS-OBSCURS et FANTUZZI.

AUGUSTIN VÉNITIEN. *Voyez* MARC-ANTOINE.

BABYLONE (FRANÇOIS DE). *Voyez* BARBARI (JACQUES DE).

BADALOCCHIO (SIXTE-ROSA, *dit*).

43. La sainte Famille, d'après Schidone (25). *Belle.* — Le Mariage de sainte Catherine (26). *Belle.* — Laocoon (33).

BALDI (LAZARE).

44. La Conversion de Saint Paul (1).

BARBARI (JACQUES DE), dit *le Maître en caducée, et précédemment nommé François de Babylone.*

45. Judith. (1). *Belle.*

46. Les Trois Rois (2).

BARBIÉRI (FRANÇOIS), *dit* LE GUERCHIN.

47. Son Portrait, par *Alb. Clouvet.* — Saint Antoine de Padoue (1). *Belle.* — Saint Jean-Baptiste (2). *Avec des restaurations.*

Pièces douteuses.

48. L'Homme et la Femme qui se battent. (1). — Le Paysage aux deux figures (2). — Plus, quatre pièces à l'eau-forte, d'après les dessins du maître.

BARBIÈRE (DOMINIQUE DEL).

49. La Lapidation de saint Étienne (1). *Très belle.*

50. Groupe de plusieurs Saints, d'après *Michel-Ange* (2). *Très belle.* — Autre groupe, d'après le même (3).

51. Amphiaraüs (4). *Très belle.*

52. Assemblée d'Hommes et de Femmes* (6). *Très belle.*

53. La Gloire (7). *Très belle.* — Les Squelettes (8).

BAROCIO (Frédéric), *dit* le Baroche.

54. L'Annonciation (1). *Très belle, avec 4 l. de marge.*

55. La Vierge assise (2). *Très belle.* — Saint François stigmatisé (3). *Très belle.*

56. Saint François dans la Chapelle, morceau connu sous le nom du *Pardon de saint François* (4). *Très belle.*

BAZICALUVA (Hercule).

57. Les Batailles ; suite de quatre estampes (2 à 5). La Ire et les deux dernières sont sans marques. — Marche solennelle de trois Chars de triomphe (7).

Morceaux inconnus à Bartsch.

58. I. *Saint Sébastien.* Vu de profil et tourné à droite, le saint est attaché à un tronc d'arbre, au milieu de l'estampe, levant les yeux au ciel. Une gloire radieuse brille à la droite du haut. Dans la marge : S. SEBASTIANO ORAPNOBIS. *Erchol.* Morceau presque entièrement au burin.

H. : 7 p. 10 l., y comp. 3 l. de m. ; L. : 5 p. 9 l. ?

II. *Les Soins champêtres.* Sur le premier plan, à droite, un bouvier suit une paire de bœufs se dirigeant de ce côté ; à gauche, un garçon, monté sur un cheval, le fait abreuver au bord d'une rivière ; au milieu, sur le second plan, un pâtre conduit son troupeau à gauche. Dans le coin bas de la droite : E.F.B.

L. : 8 p. 9 l. ; H. : 5 p. 9 l.

III. *Le Rendez-vous de chasse.* Deux chasseurs à cheval, suivis d'un valet, tenant deux chiens en laisse, et d'un homme, tenant par la bride un mulet chargé de provisions, sont arrêtés au milieu, en avant de deux hommes assis sur un tertre à l'entrée

(*) Cette appellation est celle de Bartsch. Le sujet représenté est un *Repas donné par Alexandre le Grand.* Il était peint dans la chambre qui portait le nom de ce conquérant, au château de Fontainebleau. Une épreuve de cette estampe a servi à M. *Abel de Pujol* pour y repeindre, il y a deux ans, le tableau originaire que l'injure des ans avait détruit.

d'une forêt qui occupe la droite. Au bas, du côté opposé, on voit un dessinateur assis. Morceau sans marque.

L. : 10 p. 6 l.; H. : 7 p. 5 l.

IV. *Le Port de mer*. Cinq embarcations ont jeté l'ancre au milieu de ce morceau, qui offre un port de mer défendu par une tour crénelée. Sur le premier plan, à droite, deux hommes, vus par le dos, sont assis non loin du rivage, que semble suivre un homme précédé de son âne. Un vieil arbre, dont la cime est tronquée par le bord supérieur de la planche, s'élève à droite. Morceau sans marque.

L. : 10 p. 6 l.; H. : 8 p. 1 l.

V. *La Rivière navigable*. Deux bâtimens mâtés sont mouillés, avec leurs chaloupes, au milieu de l'estampe, dans une anse formée là par une rivière venant du fond de la droite et se dirigeant dans celui du côté opposé. Un homme armé est assis, vu par le dos, à la droite du bas, non loin d'un gros arbre dont la cime se perd dans le bord supérieur de la planche. Au bas, du même côté : *ercolo Bazichaluva*.

L. : 10 p. 6 l.; H. : 8 p. 3 l.

59. VI à XVIII. Morceaux attribués à *Della Bella* par *Jombert*, sous le n° 12 de l'œuvre de cet artiste, page 67 de son Catalogue, et qui sont évidemment dus à *Bazicaluva*. Ils décorent un livre intitulé : LE PAZZIE DE' SAVI, OVERO IL LAMBERTACCIO, Poëme tragico-héroï-comique de *Barthélemy Bocchini*, in-12. Venise, *li Bertani*, 1641. Ces morceaux, non chiffrés, sont du Ier état des planches et au nombre de *treize*, en y comprenant le frontispice, inconnu à *Jombert*, lequel représente l'écu de Florence, adossé à la base d'une colonne étant à droite, où est noué un rideau occupant le haut de l'estampe et sur lequel on lit le titre, ci-dessus rappelé, du livre et sa dédicace adressée à Don Laurent, grand-duc de Toscane.

BÉATRIZET (Nicolas).

60. Le portrait d'Antoine Salamanque, graveur et célèbre marchand d'estampes, à Rome, dans le XVIe siècle (6). *Épreuve de la plus grande fraîcheur, avec sa marge virginale.* — Buste de Tite-Live (7). *De la plus grande fraîcheur, avec sa marge virginale.* — Saint Pierre marchant sur les eaux, d'après Giotto (16).

Belle. — La Chute de Phaeton (38). *La copie A très belle, de la plus grande fraîcheur et avec une grande marge.*

61. La Mort de Méléagre (41). *Très belle.* — Le Sacrifice d'Iphigénie (43); *Ier état, de la plus grande fraîcheur, avec de la marge.*

Morceau non décrit.

62. *Buste, d'après un marbre antique, de Titus.* Il est vu de trois quarts, tourné à droite et regardant du côté opposé. Sa cuirasse est recouverte du manteau impérial. Dans la marge : TIT. CÆS. AVG. XI. RO IMP.

H. : 7 p. 7 l., y compris 5 l. de marge; L. : 5 p. 9 l. — *Belle pièce.*

BELLAVIA (Marc-Antoine).

63. L'Adoration des Bergers (1). *Ier état.* — Le même sujet (2). *Épreuve avant les lettres AC. IN, et portant le n° III.* — L'Adoration des Mages (3). — Le Repos en Égypte (4). *Épreuve avant les lettres A. C. IN et portant le n° XIIII.* — Autre (5). — Autre (6). — Le Sauveur (7). *Ier état.* — La Sainte Vierge, etc. (8). *Ier état.* — La Sainte Vierge, etc. (9); *Ier état.* — L'Enfant Jésus, etc. (10); *Ier état.* — La Sainte Vierge, etc. (11); *Ier état.* — La Sainte Vierge, etc. (12); *Ier état.* — Saint Joseph, etc. (13); *épreuve avec une petite marge blanche. Les lettres A C, tracées à rebours, se lisent avec peine au bas de la droite.* — Le même sujet (14); *Ier état.* — La Sainte Vierge, etc. (15); *Ier état.* — La Sainte Vierge, etc. (16). — Sainte Agnès, etc. (17); *Ier état.* — La Sainte Vierge (18); *Ier état.* — Saint Jean et Saint Matthieu (19); *Ier état.* — Saint Luc et Saint Marc (20); *Ier et II états.* — Saint Grégoire, etc. (21); *Ier état.* — Saint Jérôme, etc. (22); *Ier état.* — Saint Antoine de Padoue (23); *épreuve chiffrée* XXIIII. — Saint François à genoux (24). — Saint François stigmatisé (25). — Saint Antoine de Padoue (26); *épreuve avant le chiffre.* — Saint Joseph assis (27). — Saint Pierre (28); *Ier état.* — Saint Paul (29); *épreuve chiffrée* VIIII. — Saint Roch (30); *Ier état.* — Saint Christophe (31); *Ier état.* — Le jeune saint Jean-Baptiste (32). — L'Ange gardien (33); *épreuve avec le chiffre* V, *précédé des lettres* M. A. Bel *biffées.* — Saint Luc peignant (34); *épreuve avec une marge blanche de 2 lignes.* — Anachorète (35); *épreuve avec une marge de 4 l., dans laquelle*

on lit, au milieu : DIVVS HONVPHRIVS EREMITA; *au dessous, à gauche :* ANI . CARACCI IN. *Le chiffre* I *se voit au bas, à droite.* —Saint François (36); *Ier état.* — Le même Saint (37); *Ier état, c'est à dire avant les initiales* A. C. IN, *mais avec le chiffre* XXI. *Ce chiffre est précédé d'un autre chiffre biffé qui paraît être* XVIIII. — Saint Antoine de Padoue (38); *épreuve avant le chiffre* III.

L. : 5 p. 8 l.; H. : 4 p. 6 l.

64. La Madeleine (39); *épreuve de l'état constaté comme Ier, mais marqué du chiffre* X *dans la marge, à droite.* — Le même sujet (40); *IIe état.* — Deux Satyres (41); *épreuve chiffrée* XXVI. — Quatre Têtes de vieillards (42). — Diane et Pan (43); *épreuve dans laquelle le chiffre* XIIII *a été biffé et remplacé par le nombre* XVIIII, *tracé au milieu du bas.* — Fleuve couché (45); *Ier état.* — Autre Fleuve (46). — Autre Fleuve (47). — Autre Fleuve (48); *Ier état.* — Autre Fleuve (49); *Ier état.* — Autre Fleuve (50); *Ier état.* — Rémus et Romulus (51); *Ier état.*

Morceaux inconnus à Bartsch.

I. La Vierge enfant dans les bras de sainte Anne, assise à gauche. Saint Joachim lui fait un récit qui l'effraie. Composition en demi-figures dans un rond. Dans l'angle bas de la droite, le chiffre XV.

Diamètre : 3 p.

II. La Sainte Vierge, assise à droite, tient sur elle l'Enfant Jésus qui se retourne à gauche, où se voit saint Joseph. Composition en demi-figures dans un rond. Dans l'angle bas de la droite, le chiffre XVI.

Diamètre : 2 p. 11 l.

III. La Sainte Vierge, assise au milieu et tournée à droite, tient sur elle son divin Fils qui la caresse. Saint Joseph, debout à gauche, sourit à cette aimable scène. Dans la marge, à droite, le chiffre XX.

H. : 3 p. 10 l., y compris 5 l. de marge; L. : 3 p. 4 l.

IV. Saint Joseph, assis de face en avant de deux colonnes, tient sur lui l'Enfant Jésus dormant; il parle à la Vierge, assise à droite. Dans la marge, du côté opposé, DA, et à droite le chiffre XV, précédant un autre chiffre biffé qui nous paraît être XIII.

H. : 4 p. 8 l., y compris 3 l. et demie de marge ; L. : 3 p. 9 l.

V. Le prophète Daniel, agenouillé à gauche, lève les mains et porte les yeux au ciel du côté opposé. Trois lions l'entourent et l'un d'eux lèche le bas de sa robe. Au milieu du bas : *S. Daniel Profet,*

H. : 4 p. 4 l. ; L. : 3 p. 3 l.

VI. La Vierge à l'Écuelle. Copie en contre-partie de la célèbre estampe connue sous ce nom, gravée, en 1606, par Annibal Carrache. Au bas de la gauche : A. C.

L. : 5 p. 6 l. ; H. : 4 p. 5 l.

BENEDETTE (Le). Voyez CASTIGLIONE (JEAN-BENOIT).

BENSO (JULES). Voyez *Brulliot*, t. Ier, n° 802.

65. I. *Saint Christophe.* Le petit Sauveur est sur ses épaules. Il traverse les eaux à la clarté de la lune et d'une lanterne, en se dirigeant à la gauche du devant. Le monogramme est au bas, du même côté.

H. : 5 p. 2 l. ; L. : 3 p. 10 l.

BISCAINO (BARTHÉLEMY).

66. Moïse sauvé du Nil (2) ; Ier état. — La Nativité (5). *Rare.*

67. La Nativité (7) ; Ier état. *Très rare.*

68. Moïse sauvé du Nil (2) ; IIe état. Sous l'adresse de *Daman*, on lit : *In Bassano per il Remondini.* — L'Adoration des Rois (9) ; IIe état, inconnu à Bartsch, où, au bas, vers le milieu, on lit : N° 179. — La Circoncision (10) ; *contre-épreuve.*

69. Moïse sauvé du Nil (2) ; IIIe état, inconnu à Bartsch, où, au dessous du nom de *Daman*, on lit le N° 44. — La Femme adultère (13). *Belle.* — Le petit Sauveur (14). *Avec l'adresse de* Daman ; *remarque inconnue à Bartsch.*

70. La Vierge allaitant l'Enfant Jésus (21) ; IIe état, inconnu à Bartsch, dans lequel, après l'adresse de Daman, on lit : *In Bassano per il Remondini.* — La Vierge adorant l'Enfant Jésus (22) ; Ier état.

71. La Vierge adorant l'Enfant Jésus (22) ; IIe état, où on lit au bas, à droite : *In Bassano per il Remondini.* — Sainte Famille (26). — Saint Joseph (31).

72. Saint Jérôme (34) ; Ier état, avant toute lettre. — Saint Christophe (35) ; IIe état. — Galatée (40). Avec des restaurations.

73. Saint Jérôme (34) ; [illegible] avec l'inscription : *Guido Reni inv.*, mais avant l'adresse de J. Frey. *Morceau inconnu à Bartsch.*

74. *L'Enfant Jésus adoré par la Vierge et deux Anges.* La Sainte Vierge, prosternée à droite, adore son divin Fils étendu dans la crèche au delà de laquelle, au fond de la gauche, deux grands Anges adorent pareillement le Sauveur. Sur un débris d'architecture, au bas, à droite : *Biscaino* [illegible]. *Très rare.*

H. : 5 p. 5 l. ; L. : 3 p. 9 l.

BISI (Frère *Bonaventure*), dit *le Padre Pittorino*. Brulliot, t. II, n° 776.

75. Sainte Famille, d'après le Parmesan. *Très belle.*

BOBA (George).

76. Deux Paysages, d'après le Primatice (4 et 6). *Rares.*

BOLDRINI (Nicolas). Voyez au mot : Clairs-obscurs.

BOLOGNÈSE (Le). Voyez GRIMALDI (Jean-François).

BONASONE (Jules).

77. Noé sortant de l'Arche (4). *Très belle.* — La Coupe d'or de Pharaon trouvée dans le sac de Benjamin (8). *Copie par le maître aux initiales P.V ; très belle épreuve, avec de la marge.*

78. Judith chargeant sa servante de la tête d'Holopherne (9). *Épreuve de la plus grande fraîcheur.*

79. La Naissance de saint Jean-Baptiste (26) ; Ier état, *très rare*, avant l'adresse de Lafrery. *Épreuve avec* [illegible] *de marge et dans sa fraîcheur virginale.*

80. Silène monté sur un âne (88). *Très belle.* — Bacchus couché sur son char traîné par des tigres (90). *Belle.* — Pluton descendant aux Enfers (95). *Belle*, avec 4 l. de marge.

81. *Des amours des Dieux*, les morceaux suivans : le Frontispice, *non décrit par Bartsch.* — Bacchus présentant du raisin à deux Femmes (147). — Léda embrassant le Cygne (148). — Homme et Femme assis sur un lit (151). — Junon dans les airs épiant Jupiter qui caresse Io (152). — Adonis et Vénus (154). — Un Homme embrassant une Femme (155). — Pluton embrassant Proserpine (158). — Les amours de Mélanthe et de Neptune (159). — Apollon debout à côté d'une femme qui peint (161). — Mars embrassant Vénus (164). *Ces onze pièces sont*

d'une fraîcheur virginale; les dix dernières sont avant les vers italiens. Épreuves de la plus grande rareté.

82. Vénus coiffée et ajustée par les Grâces (167). *Très belle.* — Le Paysage (196). *Épreuve signée* : P. Mariette, 1666.

83. Le portrait de Philippe II (343); *épreuve de la plus grande fraîcheur, avec sa marge virginale.* — Le cardinal Bembo (344); *épreuve de la même condition.*

84. Michel-Ange Buonarotti (345); *épreuve de la même condition.* — Le pape Marcel II (349); *Ier état*, TRÈS RARE; *épreuve de la même condition.*

Appendice.

85. L'Amour présentant des épis à Cérès (2). *Très belle.* — Bacchus assis (3). *Très belle.* Ces deux pièces pourraient bien être de Woieriot. — Diane armée allant à la chasse, d'après le Parmesan (5). *Belle* (*).

BONIFACIO, *artiste italien sur lequel on n'a pas de données.*

86. I. La Vierge, assise à gauche, tient dans ses bras l'Enfant Jésus debout sur elle, qui appelle à lui le petit saint Jean, étant à droite, qu'un Ange soulève pour l'approcher du Sauveur : *Bonifacius V.ᵐᵉ pinxit.* Cette pièce est gravée avec tout l'esprit d'un peintre.

L. 9 p. 3 l.; H. 6 p. 5 l., y compris 2 l. de marge.

BONZI (PIERRE-PAUL), dit *il Gobbo dei Carracci.*

87. I. La Sainte Vierge. *Très belle.* Pour la description de cette pièce, voir le n° 2 de l'œuvre de *Cavedone* dans le *Peintre-Graveur* de Bartsch. Feu Brulliot nous paraît avoir démontré sans réplique, t. I, n° 830, que ce morceau est du *Gobbo* et non de *Cavedone.*

BORGIANNI (HORACE).

88. Sujets de la Bible peints dans les loges du Vatican par les disciples de Raphaël et sur ses dessins; suites de 52 estampes (1 à 52). *Épreuve du Ier état.*

89. Saint Christophe (53).

Morceau non décrit par Bartsch.

I. *Le corps du Sauveur pleuré par les trois Maries.* Il est vu en

(*) Il paraît, selon Brulliot, que c'est sans aucune espèce de fondement qu'on a attribué ce morceau à *Vincent Cacciancmici.*

raccourci, la tête au fond et les pieds en avant, sur une pierre, dans le sépulcre. Sur cette pierre, à droite, l'année 1615 suivie d'un monogramme formé des lettres non remplies *HB. Dans la marge, une dédicace adressée par l'artiste à don François de Castro. Épreuve avec des réparations. Morceau très rare.*

L. : 8 p. 3 l. ½ ; H. : 7 p. 1 l., non compris la marge de 16 l.

BOSSI (Benigne), *dessinateur, stucateur et graveur, né à Porte d'Arsisato, dans le Milanais, en 1727, mort à Parme à la fin du dernier siècle.*

90. *Raccolta di Teste, inventate, disegnate ed incise da Benigno Bossi*, suite de 43 pièces, y compris le titre : *manque le n° 31.*

91. *Fisionomie possibili, 1776*; suite de 14 pièces, y compris le frontispice et un cul-de-lampe. — *Prove d'acqua forte* MDCCLV; suite de 7 petites têtes *sur la même feuille.* — Mascarade à la grecque, 1771 ; suite de 11 pièces, y compris le titre.

92. *Opere varie incise da Benigno Bossi dall' anno M.DCC.LV sino all' anno M.DCC.LXXXVI*; suite de 34 pièces, y compris le frontispice : *manque le n° 16.* — Suite de vases, d'après Petitot, tirés du cabinet du marquis de Felino, 33 pièces, y compris le titre et le frontispice. — Plus, deux cheminées d'après le même.

93. *Raccolta di disegni originali* du Parmesan, tirés du cabinet du comte Alexandre Sanvitale. Parme, MDCCLXXII ; suite de 30 pièces, y compris le titre. — Plus, six morceaux d'après le même et d'après le Corrège et autres.

BOSSIUS-BELGA (Jacques). *Voyez* Bartsch, t. III, n° 573.

94. L'Échelle de Jacob, d'après Raphaël. *Belle.*

BRESCIANI (Antoine), *artiste sur lequel on n'a pas de données.*

95. I. Cinq Anges, l'un tenant une couronne et les autres des livres ouverts, sujet de plafond. Dans la marge, à gauche : *Ludovicus Carraccius in Ecclesia Majori Placentiæ*, et à droite : *Anton. Bresciani delineavit et sculpsit.*

H. : 12 p. 9 l.? y compris 3 l. de marge ; L. : 8 p.

BRIZIO (François).

96. Le Retour d'Égypte (2). *Deux épreuves : l'une de l'état décrit par Bartsch comme IIe, avec l'auréole autour de la tête de la Vierge et avec les noms du peintre et du graveur ; l'autre d'un IIIe état, dans lequel le ciel, blanc dans les deux premiers états, est couvert de travaux. Le nom du graveur a été enlevé et son am-*

[illegible]
[illegible] — Saint Roch [illegible]
[illegible]
[illegible]

CAMERINI? [illegible] ([illegible]) [illegible]
[illegible]
p. 87. Caïn tuant Abel. Morceau décrit par [illegible], t. II,
p. 189. Morceau rare; l'épreuve est rognée.

CAPUCIN (le maître au). Voyez : BARBARI (Jacques de).

[illegible]
[illegible] Salomon et Balkis (f). — Un saint Évêque (g).

CAMASSEI [illegible]
[illegible] La Sainte Vierge et saint Jean (?) — [illegible]
[illegible] Belle épreuve.

CAMAÏEUX. Voyez l'Ordre général.

CAMPAGNOLA (Dominique).

[illegible]

CAMPAGNOLA [illegible]

Morceaux [illegible].

[illegible] La Décollation de saint Jean-Baptiste. Vue d'une campagne au bord de la mer; un gros arbre à [illegible] L'[illegible] décapité tombé à terre au milieu du devant [illegible] droite, [illegible] [illegible] l'[illegible], d'un pas précipité, [illegible] [illegible]
[illegible] H. : 7 p. 9 l.; L. : 8 p. [illegible]
[illegible]

[illegible]
[illegible] gauche, [illegible] avant [illegible]
[illegible] se voit au bas du même côté. Morceau [illegible]
[illegible] H. [illegible] p. [illegible] l.; L. [illegible] p. [illegible] l. Épreuve faible.

[illegible]
[illegible]
[illegible] Son arc et son carquois sont [illegible] côté.
[illegible] p. [illegible] l.; L. [illegible]
[illegible]

CANAL (Antoine), surnommé Canaletto, *peintre vénitien, mort en sa ville natale, en 1768, âgé de 71 ans.*

104. Vues et compositions dessinées et gravées à l'eau-forte par cet habile maître; 31 pièces. La pièce intitulée : *Ale porte del Dolo* est double à cause d'une différence.

Plus, une vue des ruines des faubourgs de Dresde, par *Bernard Belotti de Canaletto.*

Le tout est ancien d'épreuve et vierge de marge.

CANTA-GALLINA (Remi).

105. Décoration des sept intermèdes de l'opéra représenté à Florence, aux noces de Côme de Médicis avec Marie-Madeleine d'Autriche, en 1608 — (13 à 19). *Belles.* — Vaisseaux des Argonautes pour la conquête de la Toison d'or, combat naval représenté sur l'Arno à l'occasion des noces des mêmes personnages = (20 à 38). *Nota.* Le n° 35 porte le monogramme du maître, sur le rivage à droite. *Belle.*

Morceaux inconnus à Bartsch.

106. I. *Tobie et l'Ange.* Tobie s'apprête à saisir le poisson monstrueux. La marge est coupée.

L. : 4 p. 3 l.; H. : 3 p. 2 l.

II. *Tobie et l'Ange.* Tobie tient le poisson. Dans la marge : *Anna autem*, etc., 1609, et le monogramme.

Même dimension. La marge porte 4 l.

III. Notre-Seigneur assis au fond de la droite, près du puits où s'avance la Samaritaine. Dans la marge : Iesvs *fatigatus*, etc., et plus bas, à droite, les noms de l'artiste, suivis de l'année 1609.

Même dimension.

IV. Notre-Seigneur s'entretient avec deux de ses disciples, au milieu du devant.

Même dimension.

V. Deux hommes debout conversant vers le milieu sur un chemin longeant une colline couronnée d'un arbre. Un gros arbre fourchu s'élève à gauche. Entre ces arbres, on voit, dans le lointain, une fabriqne environnée de verdure. Au bas, à droite : 1603, et, à gauche, le monogramme du maître.

L. : 5 p. 4 l.; H. : 5 p.

CANTARINI (SIMON), dit le PÉSARÈSE.

107. Adam et Ève (1).—Repos en Égypte (2). Deux épreuves : l'une du IIe état de Bartsch, l'autre du IIIe à lui inconnu, portant l'adresse de *J. Robillart*. — Autre repos en Égypte (3); Ier état.— Autre repos en Égypte (4). — Autre repos en Égypte (5). — Autre repos en Égypte (6). — Autre repos en Égypte (7).

108. Sainte Famille (8). — Autre sainte Famille (9). — Autre sainte Famille (10); IIe état. — Autre sainte Famille (11). — Autre sainte Famille (12). — Autre sainte Famille (13). — Autre sainte Famille (14).

109. La Vierge, l'Enfant Jésus et saint Jean (15); IIe état, avec l'adresse de *Rossi* au milieu du haut, remarque non constatée par Bartsch. — La Vierge et l'Enfant Jésus (17); IIe état. — La Vierge avec l'Enfant Jésus (18). — La Vierge avec l'Enfant Jésus (19). — Le Portement de croix (20). — La Vierge couronnée (21); *original et copie.*

110. Saint Jean-Baptiste dans le désert (23). — Saint Sébastien (24); *original et copie.* — Le grand saint Antoine de Padoue (25); Ier état. — Le petit saint Antoine de Padoue (26). — Saint Benoît délivrant un possédé (27). — L'Ange gardien (28).

111. Le *Quos ego* (29); IIe état. — L'Enlèvement d'Europe (30); Ier état. — Mercure et Argus (31). — Mars, Vénus et l'Amour, d'après Paul Véronèse (32). — Vénus et Adonis (33). — La Fortune (34); Ier et IIe états. — Frontispice de livre (35).

CANUTI (DOMINIQUE-MARIE).

112. La Vierge au Rosaire (1). *Belle.* — Saint François d'Assise (2); *a. État antérieur à celui décrit par Bartsch.* Il est avant l'adresse de *Longhi.* TRÈS RARE.

113. Saint François d'Assise (2); état décrit par Bartsch. — Saint Roch (3). *Belle.*

Morceau douteux.

I. L'Amour, assis sur un tertre, en avant d'une draperie, tient, d'une main, des fleurs, et, de l'autre, des chaînes. Sans marque. L. : 4 p. 1 l.; H. : 3 p. 3 l.

CARAGLIO (JEAN-JACQUES).

114. L'Annonciation, d'après Raphaël (2). *Belle ; le papier est*

roux. — L'Annonciation, d'après le Titien (3). *Belle; elle a été pliée en travers.* — L'Adoration des Bergers, d'après le Parmesan (4). *Le papier est roux.*

115. La Pentecôte, d'après Raphaël (6); morceau qui a longtemps passé pour être de Marc-Antoine Raimondi. *Très belle et de la plus grande fraîcheur.*

116. Le Martyre de saint Pierre et de saint Paul, d'après le Parmesan (8). Épreuve avec l'adresse d'*Ant. Sal;* et *très belle.* — Cérès (14); de la suite des Divinités de la Fable, répétées en douze pièces, plutôt par Marc-Antoine Raimondi que par Caraglio. *Le serpent n'a qu'un œil.* — TRÈS RARE. — Les Amours de Mars et de Vénus, d'après le Rosso (51). *La copie;* TRÈS BELLE. — La Fureur, d'après maître Roux (le Rosso) (58).

CARAVAGE (LE). *Voyez* AMÉRIGHI (MICHEL-ANGE).

CARPI (HUGUES DE). *Voyez* au mot CLAIRS-OBSCURS.

CARPIONI (JULES).

117. Jésus-Christ à la montagne des Oliviers (2); Ier état. *Rare.* — Sainte Famille, d'après le Pésarèse (3). — La Vierge lisant (5); Ier état, avant l'adresse de *Cadorin. Rare.* — La Vierge au Rosaire (6). — L'Hommage du petit saint Jean (7); Ier état.

118. La Vierge prenant l'Enfant Jésus du berceau (8); Ier état. *Rare.* — Sainte Madeleine (10); IIe état. — Saint Antoine de Padoue (11); IIe état. — Saint Jérôme (12).

119. La Modération (13). — Vénus entourée d'Amours (14). *Très rare.* — L'Air (15). — L'Eau (17). — Le Feu (18). — Danse d'Enfans (19). — Danse d'Enfans (20).

Morceaux inconnus à Bartsch.

120. I. *Sainte Famille en ovale.* L'Enfant Jésus, à demi couché sur les genoux de la Vierge, assise à droite et dirigée du côté opposé, s'apprête à jouer avec l'agneau que lui présente le petit saint Jean, vu à gauche, en avant de sainte Élisabeth. Sur la base d'une urne, on lit, à mi-hauteur à droite, les lettres C S F, et au milieu du bas : *G. Gulio Carpionj f.* Cette dernière lettre à rebours.

H. : 3 p. 2 l.; L. : 2 p. 5 l.

121. II. Petit Satyre dansant au milieu du devant; il re-

garde à droite et tient des cymbales. D'autres enfans sont dans le fond. Pièce ronde, sans nom.

Diamètre : 2 p. 11 l.

122. III. *La Vierge, l'Enfant Jésus et le petit saint Jean.* Assise à droite et dirigée du côté opposé, la Vierge, accoudée sur une fontaine monumentale, soutient, debout sur elle, son divin Fils qui caresse le petit saint Jean, à demi couché vers le milieu. On lit au bas, à droite : *Daman excud.*

L. 15 p. 2 l.; H. : 3 p. 6 l.

CARRACCIO, *en français* CARRACHE (ANNIBAL).

123. Son portrait, gravé par *Vermeulin.* = Suzanne surprise au bain (1); Ier état, c'est à dire avant la lettre. RARE. *Très belle.*

124. Suzanne surprise au bain (1); IIe état, avec la dédicace et les distiques, mais avant les noms du maître. *Très belle.* = L'Adoration des Bergers (2); Ier état, c'est à dire avant la lettre. RARE. *Très belle.*

125. L'Adoration des Bergers (2); IIe état, avec les noms du maître, mais avant l'adresse de *Van Aelst.* *Très belle.* = Le Couronnement d'épines (3); IIe état, avec les noms du maître. *Très belle.*

126. Le Christ de *Caprarole* (4); Ier état, avant les noms du maître. TRÈS RARE. — La Vierge accompagnée de l'Ange (7); la copie par Stefanoni.

127. Le Christ de *Caprarole* (4); IIe état, avec les noms du maître, mais avant l'adresse. *Très belle.* — La Vierge à l'hirondelle (8). *Très belle.*

128. Le Christ de *Caprarole* (4); IIIe état, avec l'adresse de *Van Aelst. Belle.* — La Vierge à l'écuelle (9); IIe état, avec les noms du maître, mais avant l'adresse de *Van Aelst. Très belle.* — La sainte Famille (11); Ier et IIe états. — Saint Jérôme (13).

129. Saint Jérôme (14); Ier état. *Très rare,* avant les noms du maître et les initiales P. S. F. — Saint François d'Assise (15).

130. Saint Jérôme (14); IIe état. — La Madeleine pénitente (16); Ier état, *avant les initiales P. S. F.* — Jupiter et Antiope (17). *Belle.*

131. La Soucoupe (18); original et deux copies, l'une au burin, par un anonyme, l'autre à l'eau-forte, par *G. V. Haecht.*

— Les Trois Rois (1 de l'appendice); Ier état, avant toute lettre. *Très belle.*

CARRACCIO, *en français* CARRACHE (Augustin).

132. Le jeune Tobie (3); Ier état. — Repos en Égypte, d'après Passari (15). — Le Baptême de Jésus-Christ, d'après Annibal Carrache (17). *Très rare.* — *L'Ecce Homo* (19).

133. Jésus-Christ, montré au peuple, d'après le Corrége (20). *Très belle*, avec sa marge virginale.

134. Le grand Crucifiement, d'après le Tintoret (23). *Très belle.*

135. La Sainte Vierge (31); Ier état *inconnu à Bartsch.* Elle est avant les mots : AGO. CA. I. au haut, à gauche. — Sainte Famille (43). *Belle.* — Jésus-Christ, la Vierge, saint Jean-Baptiste et les douze Apôtres, suite de 15 estampes (48 à 62).

136. La Tentation de saint Antoine, d'après le Tintoret (63). — La Sainte Vierge (31). *Belle.* Si la description de Bartsch est exacte, cette épreuve serait du IIIe état de la planche, puisque, après les mots abrégés AGO. CA. I., on lit : *Pietro Stefanoni for.* — Sainte Catherine (64). — Saint François (65). — Saint François, en extase, d'après Vannius (67). *Très belle.* — Saint Jérôme (72). — Saint Jérôme (73). — Saint Jérôme, d'après Vannius (74); IIe état.

137. Saint Jérôme (75); IIe état. *Belle.* — Saint Jérôme, d'après le Tintoret (76). *Très belle.* — Sainte Lucie (79). — La Madeleine (80). — La Madeleine (81). — La Sainte Vierge, saint Jérôme et sainte Madeleine, d'après le Corrége (95). Épreuve d'un état postérieur à ceux constatés par Bartsch ; l'adresse de *Rascioti* a été remplacée par celle de *Valegio.*

138. La sainte Famille avec sainte Catherine et saint Antoine, d'après Paul Véronèse (96). Épreuve signée : *P. Mariette*, 1668. — Le Mariage de sainte Catherine, d'après le même (97); *a.* avec l'année 1585, mais avant les noms de l'artiste, ce qui caractérise un état antérieur à ceux décrits par Bartsch. *Très belle ;* la marge est coupée. Plus, la même estampe d'un état postérieur aux deux, connus de Bartsch. On lit, audessous des noms du maître : *Antonius Carenzanus fo.*

139. Le Mariage de sainte Catherine, d'après Paul Véronèse (98). — Le Corps mort de Jésus-Christ (100). — Le Corps mort de

Jésus-Christ, d'après Annibal Carrache (101). — Le Corps mort de Jésus-Christ, d'après Paul Véronèse (102); IIe état. — Les Cordons de saint François (109). TRÈS RARE. Épreuve déchirée, tachée et doublée. — Énée sauvant Anchise, d'après le Baroche (110). Épreuve signée : *P. Mariette*, 1678.

140. Le Satyre et la Femme endormie (112); IIe état. — Le Vieillard et la Courtisane (114). *Très rare;* épreuve tachée. Plus, une petite copie à l'eau-forte de cette estampe.

141. Mercure et les Graces, d'après le Tintoret (117). *Très belle.* — Mars renvoyé par Minerve (118); IIe état. *Belle.*

142. L'Amour réciproque (119). *La marge est coupée.* — Les Fruits de l'Amour (120). *La marge est coupée.* — Les deux Scènes de Théâtre (121 et 122). Ier état.

143. Les petites pièces lascives (123 à 135). *Rares.*

144. Le Sondeur (136). TRÈS RARE. *Très belle.*

145. Le Prêtre Jean (152). *Remmargé.* — Jean-Gabriel Sivel (153). — Le Portrait du Titien (154); IIe état.

146. Les armes d'un cardinal Aldobrandini (161); Ier état. — Les armes d'un cardinal de la famille Bianchetti (164). — Les armes du duc Buoncompagnoni, marquis de Vignola (165). TRÈS RARE. — Les armes du cardinal Franciotti (171); IIe état. — Les armes du cardinal Sega (179). *Très rare.* Épreuve faible.

147. Les Estampes et Portraits pour l'Histoire de Crémone, par Campi (192 à 228).

148. Le portrait de Christine de Danemarck (229). — Tête de bœuf (257). — Un Chien (259); IIe état. — L'Éventail (260); Ier état. — Frontispice de livre (262). — Cloison de serrure (273).

CARRACCIO, *en français* CARRACHE (LOUIS).

149. La Vierge de l'année 1592 (1); original et copie. *Très belles.* — La Vierge aux Anges (2). *Très belle.*

150. La Vierge de l'année 1604 (3). *Très belle.* Épreuve signée : *P. Mariette*, 1668. — La Vierge et saint Joseph (4). *Très belle.* Le papier a une nervure.

CASTIGLIONE (JEAN-BENOIT), dit *le Benedette.*

151. L'entrée dans l'Arche (1). *Belle.* — Le même sujet (2); Ier et IIe états. Les Équipages de Jacob (4). *Belle.* — Tobie (5). *Belle.* — Lazare (6). — La Vierge à genoux près de la crèche (7). — La Sainte Vierge baisant l'Enfant Jésus (8). *Rare.*

152. L'Ange éveillant saint Joseph (10). — Dieu le Père considérant son Fils nouvellement né (11). *Belle.* — La Fuite en Égypte (12). Ier état, avant la dédicace et avant l'adresse de Rossi. *Belle.* — L'invention des corps de saint Pierre et de saint Paul (14). *Id.* — Pan et Olympe (15); IIe état. — Fête de Pan (16); Ier état. *Rare.* — Satyre assis au pied d'un terme (17). — Pan assis vis à vis d'un vase (18). *Belle.*

153. Diogène cherchant un homme (21). *Belle.* — La Mélancolie (22). *Belle.* — Le Génie du Castiglione (23). — Le Tombeau rempli d'armes (24); Ier état, inconnu à Bartsch, *avant l'adresse de Rossi.* — La Femme assise dans des ruines (26); Ier état. *Rare.* — Les deux Hommes et l'Enfant dans les ruines (27). *Très belle.* — Le jeune Pâtre à cheval (28). *Belle.* — Le Bagage au milieu d'un troupeau (29). *Très belle.* — Les Bergers à la suite de leur troupeau (30).

154. Le Portrait de B. Castiglione (31). — Les petites têtes d'hommes coiffées à l'orientale, suite de 16 estampes (32 à 47). *Belles.* — Les grandes têtes d'hommes coiffées à l'orientale (48 à 53). *Manque la dernière. Belles.*

CASTIGLIONE (Salvator), frère *du Benedette.*

La Résurrection de Lazare.

CAVEDONE (Jacques). Voyez BONZI (Pierre-Paul).

CECCHI-CONTI (François). Dessinateur et graveur à la pointe, florissait à Florence vers 1645.

Morceaux d'après ses compositions.

155. I. *Bataille de Mongivino.* Vue d'un pays extrêmement montueux, garni de troupes dont la plupart se battent. Deux chevaux portant des bagages et trois hommes de guerre occupent le bas de la droite. Dans la marge, au milieu : *La gran Battaglia seguita a Mongivino*, et, à gauche : *F. CC. inu e F.*

L. : 7 p. 4 l. ; H. : 4 p. 1 l., y compris 3 l. de marge.

II. *Piève investie.* Une armée investit la ville de la Pieve, qui s'offre au milieu du fond. Le grand-duc de Toscane est à cheval à droite, donnant le signal de la charge. Dans la marge, au milieu : *Citta della Pieue, hauendo fatto qualche difesa*, etc., et, à gauche : *Francesco Cecchi Conti inv et F.*

Même dimension.

Morceaux d'après Jean-Louis Vogt.

III. Une guirlande de feuilles de chêne et d'olivier, parsemée des six globes florentins et couronnée, occupe le centre de l'estampe, qui offre la vue de Florence. Dans cette guirlande, une dédicace adressée à Ferdinand II, grand-duc de Toscane. Dans la marge, à gauche, les noms et qualités de *Vogt*, et, à droite, ceux de Cecchi-Conti, suivis de l'année MDC.XLV.

L. : 9 p. 2 l. ; H. : 6 p. 6 l., y compris 1 p. de marge.

IV. Vue de la *Villa* impériale. Le grand-duc, accompagné d'un suisse de sa garde, tous deux vus par le dos au milieu du devant, regarde l'avenue du bâtiment. Le nom de la vue est inscrit en latin et en allemand aux deux côtés, dans la marge.

Même dimension.

V. Vue du Jardin du grand-duc. Dans la marge, à gauche, en latin, et, à droite, en allemand, le nom de la vue.

Même dimension.

VI. Vue de l'Ile du grand-duc. Le prince est à la gauche du devant, entre un hallebardier et un page. Dans la marge, à gauche, en latin, et, à droite, en allemand, le nom de la vue.

Même dimension.

Morceau d'après Paul Parigi.

VII. VEDVTA DELLE CAPPELLE. Une des pièces de la pompe funèbre de Louis XIII, roi de France. Dans la marge, à gauche, les noms de *Parigi* ; à droite : *Francesco Cecchi Conti fecè*, et, au milieu, le titre ci-dessus.

H. : 9 p. 10 l., y compris 3 l. de m. ; L. : 7 p. 4 l.

CHAUSSE-TRAPE (LES MAÎTRES A LA).

§ Ier. *Cet instrument accompagné des lettres :* G. A. (*).

(NOTA. Toutes les pièces de ce paragraphe, sauf le n° XVIII, sont environnées de lignes et de chiffres de proportions.)

(*) *Bartsch*, T. XV, p. 540, n'a connu qu'une pièce de ce maître ; nous allons en décrire 18, et ce n'est pas encore là tout ce qu'il a gravé, puisque *Marolles*, catalogue de 1666, p. 128, dit que son Livre d'Architecture, fait à Rome, en 1535, était composé de 33 morceaux. Il y a lieu de penser que les pièces comprises sous les deux § suivans dépendent aussi du livre cité par *Marolles*.

156. I. Base de colonne dont la naissance du fût est en arrachement. La marque est sur le soubassement à droite. Au milieu du haut : CORINTIA.

L. : 5 p. 8 l.; H. : 4 p. 9 l.

II. Autre dont la naissance du fût est cannelée. La marque est sur le soubassement, à gauche. Au milieu du haut : CORINTIA.

L. : 6 p. 3 l. ? H. : 4 p. 8 l.?

III. Base de colonne corinthienne dont la naissance du fût est cannelée. La marque est sur le soubassement, à gauche. Au haut, du côté opposé : CORĪTIA.

L. : 6 p. 1 l.? H. : 4 p. 7 l.?

IV. Autre dont la naissance du fût est cannelée. La marque est sur le soubassement, à droite. Au milieu du haut : CORINTIA.

L. : 5 p. 11 l.? H. : 4 p. 5 l.?

V. Autre dont la naissance du fût, fracturée, est unie. La marque est à la naissance du fût. Au haut, à gauche : CORINTIA.

L. : 5 p. 6 l.? H. : 4 p. 9 l.?

VI. Autre dont la naissance du fût est cannelée. La marque est sur le soubassement, à droite. Au haut, à gauche : CORINTIA.

L. : 6 p. 7 l. : H. : 4 p. 9 l.

VII. Base de colonne corinthienne dont la naissance du fût, en arrachement, est ornée de feuilles d'acanthe et de ceps de vigne. La marque est sur le soubassement, à gauche. Au milieu du haut : CORENTIA.

L. : 6 p. 6 l.; H. : 4 p. 10 l.

VIII. Base de colonne corinthienne dont la naissance du fût, fracturée, est unie. La marque est sur l'angle du soubassement, à gauche. Au haut, du même côté : CORINTA.

L. : 6 p. 7 l.; H. : 4 p. 10 l.

IX. Base de colonne corinthienne dont la naissance du fût, fracturée, est unie. La marque est sur le soubassement, à gauche. Au milieu du haut : CORINTIA.

L. : 6 p. 7 l.? H. : 4 p. 7 l.

X. Base de colonne corinthienne dont la naissance du fût,

en arrachement, est unic. La marque est sur le soubassement, à gauche. Au haut, du même côté : **CORINTIA**.

L. : 6 p. 9 l.; H. : 4 p. 10 l.

XI. Base de colonne ionique dont la naissance du fût, en arrachement, est cannelée. La marque est à droite, à mi-hauteur, au dessous du mot : **IONICA**.

L. : 6 p. 8 l.? H. : 4 p. 4 l.?

XII. Base de colonne ionique dont la naissance fragmentée du fût est cannelée. La marque est sur l'angle du soubassement, à gauche. Sur l'angle faisant face : **IONICA**.

L. : 6 p. 11 l.; H. : 4 p. 10 l.

XIII. Chapiteau ionique cannelé à son tambour. La marque est au bas de la gauche, sous le mot : **IONICO**.

L. : 6 p. 6 l.? H. : 4 p. 4 l.?

XIV. Chapiteau de colonne ionique cannelée. La marque est au milieu du bas. Au milieu du haut : **IONICO**.

L. : 5 p. 6 l.; H. : 5 p.

XV. Chapiteau avec partie, en arrachement, de son fût uni d'une colonne d'ordre composite. La marque est au bas de la droite. On lit, au milieu du bas : **COMPOSITO . DE . CORINTIO. ET . IONICO**.

H. : 6 p. 9 l.? L. : 5 p. 3 l.?

XVI. Chapiteau dont le tambour est cannelé. La marque est vers le bas de la droite. Au milieu du haut : **COMPOSITO**.

L. : 5 p. 6 l.; H. : 5 p.

XVII. Entablement corinthien dont les consoles sont ornées de feuilles d'acanthe. La marque est sur la dernière plinthe, au bas de la gauche. Au milieu du bas : **CORINTHIO**.

L. : 6 p. 9 l.? H. : 4 p. 7 l.?

XVIII. Entablement dorique sur lequel végètent des plantes et des arbrisseaux. La marque, inscrite dans un cercle, est au bas, à droite, au dessous du mot : **DORICO**.

H. : 8 p.; L. : 5 p. 1 l.

§ 2. *L'instrument accompagné des lettres : G. P.*

157. XIX. Base de colonne, très riche, dont la face du soubassement est ornée de sept mascarons à cornes de bélier. A mi-hauteur, à gauche, est la marque ; et à droite, on lit : **BASA IN . ROMA . SOTTO CAPITOLIO**.

L. : 8 p. 2 l.; H. : 4 p. 6 l.?

XX. Deux parties de colonne sur la même planche *. Au bas, est la base ayant sur son soubassement, à gauche, la marque du maître. Au haut, est le chapiteau décoré aux deux côtés du cheval Pégase, et au milieu, de la figure de la Renommée assise de face et tenant des trompettes. Entre les deux parties, on lit : NERVA. TRAIANA. IN. SA. BASILIO. IN. ROMA.

H. : 10 p. 8 l.; L. : 7. p. 9 l.

§ 3. *Pièces d'architecture, sans marques, qui paraissent avoir été exécutées par les maîtres à la* CHAUSSE-TRAPE.

158. XXI. Base de colonne dont la naissance du fût est unie. Il est orné de deux rangs de sculpture.

L. : 6 p. 2 l.? H. : 3 p. 5 l.?

XXII. Autre garnie de quatre natures d'ornements.

L. : 6 p. 4 l.? H. : 4 p. 1 l.?

XXIII. Chapiteau corinthien décoré, au haut, de deux Amours qui regardent de chaque côté.

L. : 7 p. 9 l.? H. : 6 p. 5 l.?

XXIV. Autre chapiteau orné, au bas, de trois mascarons et, au haut, d'un autre mascaron, entre deux têtes de bélier.

H. 6 p. 3 l.? L. : 5 p. 8 l.?

XXV. Autre, décoré, au milieu du bas, d'un mascaron aux cornes de bœuf, placé entre deux feuilles d'acanthe.

H. 5 p. 6 l.? L. : 5 p. 2 l.?

XXVI. Autre, ayant la forme d'une corbeille remplie de melons et de raisins avec leurs pampres, que surmonte un mascaron.

L. : 6 p. 3 l.; H. : 4 p. 5 l.

XXVII. Coupe d'entablement comprenant l'architrave, la frise et la corniche, sans ornement.

L. : 5 p. 11 l.; H. : 4 p. 10 l.

XXVIII. Autre, mais d'un autre galbe, comprenant les mêmes parties que le précédent.

L. : 6 p.; H. : 5 p. 3 l.

(*) Nous croyons être sûr que les pièces dont les dimensions sont affectées du signe ? dans nos trois premiers paragraphes ont été détachées de morceaux qui, comme celui-ci, offraient originairement deux parties.

§ 4. *Temples, Arcs de triomphe et Palais, gravés dans le goût des maîtres à la* Chausse-Trape.

159. XXIX. TENPLVM IOVIS VLTORIS. Coupe de la moitié à droite de ce temple. Le fond offre des collines.

H. : 5 p.? L. : 2 p. 8 l.?

XXX. TEM ∞ RO. PENATIBVS DICATV ∞. Coupe de la moitié gauche de ce temple. Le fond offre une chaîne de montagnes tracées.

H. : 4 p. 11 l.; L. : 3 p. 5 l.

XXXI. MERCVRII. TEMPLVM. Coupe de la moitié gauche de la façade de ce temple. Le fond offre des collines et des montagnes tracées.

H. : 5 p. 1 l.; L. : 3 p. 5 l.

XXXII. SEPVLCHRVM ADRIANI. Coupe de la moitié droite de ce monument orné de statues. Le fond offre une chaîne de montagnes ébauchées.

Même dimension.

XXXIII. TENPLVS VENERIS. Coupe de la moitié gauche de ce temple. Le fond offre de hautes montagnes.

H. : 5 p.? L. : 3 p. 9 l.

XXXIV. TENPLVM IOVIS VLTORIS. Vue de la moitié gauche de ce temple. Le fond offre une chaîne de montagnes.

H. : 5 p. 2 l.; L. : 3 p. 6 l.

XXXV. TEMPLVM IDOR EGITO. Vue des vestiges de ce temple, composé de trois ordres, avec coupole.

H. : 5 p. 6 l.? L. : 4 p. 5 lignes.

XXXVI. Vue de la moitié gauche d'un temple en rotonde avec coupole ornée de frontons triangulaires. Morceau sans inscription.

H. : 6 p. 5 l. L. : 3 p. 9 l.

XXXVII. ARCVS LVTII SEPTIMII. Vue de la partie droite de cet arc de triomphe. Le fond offre des collines.

H. : 4 p. 9 l.; L. : 3 p. 6 l.

XXXVIII. ARCVS. S. GEORGII. Vue de la partie droite de ce monument. Le fond offre des collines traitées avec soin.

H. : 4 p. 11 l.; L. : 3 p. 5 l.

XXXIX. ARCVS VESPASIANI. Vue de la partie droite de ce monument.

H. : 5 p. 3 l. ; L. : 3 p. 3 l.

XL. ARCVS IN HISPANIA. Vue de la partie droite de cet arc de triomphe.

H. : 5 p. 4 l. ; L. : 3 p. 4 l.

XLI. ARCVS IN PROVINCIA. Vue de la partie droite de ce monument. Le fond présente une montagne sur laquelle sont des vestiges d'architecture.

H. : 5 p. 3 l., y compris la marge, où se lit l'inscription rapportée ; L. : 3 p. 3 l.

XLII. PORTA ANTONAE. Vue de la partie droite de ce monument. Le fond offre des montagnes.

H. : 5 p. 5 l. ; L. : 3 p. 4 l.

XLIII. AERARII PVBLICI ROME. Vue de ce monument, à la cime duquel on parvenait par des gradins extérieurs. Le fond, à gauche, est parsemé de collines.

L. : 4 p. 11 l. ; H. : 3 p. 8 l.

XLIV. PANTHEON ROME. Profil de ce monument dont le portique occupe la gauche de l'estampe.

L. : 5 p. 9 l. ; H. : 3 p. 11 l.

XLV. PALATIVM MAIVS. RO. Vestiges de ce monument. Au bas, à gauche, est une tablette sur laquelle on lit l'inscription rapportée.

L. : 5 p. 9 l. ; H. : 4 p.

XLVI. PALATIVM HADRIANI IMP. TIBVRI. Vestiges de ce monument, couronnés de plantes parasites et d'arbrisseaux dans le goût de ceux du nº XVIII. Le fond, à gauche, offre un bouquet de bois, et au bas, du même côté, on aperçoit un fût de colonne tombé de sa base.

L. : 6 p. ; H. : 4 p. 6 l.

Deux États de cette planche :

a. On ne voit ni la colonne ni sa base ; l'inscription est : PALATIVM CAESARIS PARISIIS.

b. C'est celui décrit.

XLVII. PALATIVM M. AGRIPPA. Vue de partie des ruines de ce monument, composé de trois ordres rustiques.

L. : 6 p. 10 l. ; H. : 5 p.

CLAIRS-OBSCURS, exécutés par *Hugues de* CARPI, *Antoine de* TRENTE, autrement dit *Antoine* FANTUZZI, *Jean-Nicolas* VICENTINI, *André* ANDREANI, *Barthélemy* CORIOLANO, *Nicolas* BOLDRINI et autres.

Ils sont tous dans le plus bel état de conservation.

Section 1 (*).

160. David coupant la tête à Goliath, d'après Raphaël (8); IIIe état.

Section 2.

— L'Adoration des Mages, d'après le Parmesan (2); Ier et IIe états; *celui-ci de la planche au trait.* — L'Adoration des Mages, d'après le même (3).

161. La Présentation au Temple, d'après Salviati (6); Ier état. — Jésus-Christ guérissant les lépreux, d'après le Parmesan (15); *sans lettres ni marques.* — Jésus à table chez Simon le Pharisien, d'après Raphaël (17).

162. Descente de croix, d'après Raphaël (22). — La Résurrection, d'après Raphaël (26). Épreuve signée : *P. Mariette.*

163. Ananie tombant mort, d'après le même (27); IIe état.

Section 3.

— La Sainte Vierge, d'après Vanni (11). — La Sainte Vierge, d'après le Parmesan (12). — La Sainte Vierge accompagnée d'un évêque, d'après Casolano (22).

164. La Sainte Vierge entourée de différens saints et saintes, d'après le Parmesan (23). Épreuve signée : *P. Mariette*, 1668. — La Vierge, saint Sébastien et un saint Évêque, d'après le Barroche (26); Ier état. Épreuve signée : *P. Mariette*, 1673.

Section 4.

165. Saint Jean dans le désert, d'après le Parmesan (17). — Saint Pierre et saint Jean guérissant les malades, d'après Raphaël (27). *Sans les initiales.*

166. Le Martyre de saint Pierre et de saint Paul, d'après le Parmesan (28). Plus, une belle copie au pinceau de la même pièce. — Sainte Cécile, d'après le Parmesan (37).

(*) Voyez le *Peintre-Graveur* de M. Bartsch, T. XII.

Section 5.

167. Les Sibylles, d'après le Guide (2 à 5). — Sibylle, d'après Raphaël (6).

168. La sibylle Tiburtine et Auguste, d'après le Parmesan (8).

Section 6.

— Clélie, d'après Maturino (5); IIe état. — Mutius Scævola, d'après Balthasar Peruzzi (7).

169. Ajax, d'après Polydore (9); IIe état. — Diogène, d'après le Parmesan (10). — Le Triomphe de Jules-César, d'après Mantègne (11). *Seulement trois des neuf pièces qui le composent, savoir : nos 1, 3 et 9.*

Section 7.

170. Circé, d'après le Parmesan (6). — Autre, d'après le même (7). — Les Géans, d'après le Guide (11).

171. Hercule étouffant le lion de Némée, d'après Raphaël (17); Ier état. — Jason, d'après le Parmesan (19). — Nymphes au bain, d'après le même (22); Ier état. — Vénus et l'Amour, d'après le Titien (29). *Épreuve d'une seule planche.*

Section 8.

172. La Vertu, d'après Ligozzi (9); IIe état.

Section 10.

— Le joueur de Luth, d'après le Parmesan (3). — Le Cavalier, d'après le Pordenone (9). — La Surprise (10); IIIe état.

Morceaux de Zanetti (V. Bartsch, t. XII, p. 160).

173. Saint André (10); *copie par Papillon.* — Le vieux Pâtre (22); *avant l'année* 1722. — Loth sortant de Sodome (67). —Plus, trois planches exécutées par le même et faisant partie du Recueil qu'il publia en 1749.

Morceaux par des Anonymes et dont Bartsch n'a pas parlé.

174. David devant Saül, d'après Franc Flore. Morceau daté de 1555. L. : 18 p.; H. : 12 p. 6 l. — Bacchante se penchant à gauche pour cueillir des fruits et tenant, au dessus de sa tête, un buisson de fleurs. Le dessein rappelle l'École allemande, et l'épreuve est signée : *Mariette*, 1728. Dans une forme ovale. H. : 13 p.; L. : 9 p. 6 l.

CORIOLANO (Barthélemy). *Voyez* au mot CLAIRS-OBSCURS.

COZZA (François).

175. Le sommeil de l'Enfant divin (1). *Contre-épreuve.* — Sainte Madeleine (3). *Belle.* — Cimon (4). — Les Armuriers (5).

CRÉMONESE. *Voyez* : CALETTI (Joseph), dit Le.

CRESPI (Joseph-Marie), dit *Spagnuolo*.

176. Un Prophète (2). Le Massacre des Innocens (4); IIe état. — La Circoncision (6). Jésus-Christ ressuscitant de son tombeau (9).

Morceaux inconnus à Bartsch.

177. *La nourrice favorite de Van Dyck.* Cette pièce, citée par *Gori*, représente une femme assise, vue jusqu'aux genoux, dirigée à gauche, tournant la tête du côté opposé, où elle parle à un perroquet. Elle tient deux enfans sur elle, l'un à demi couché, l'autre debout. Dans la marge : *La Balia favorita di Antº. Van-Dick in Casa del sigr Co : senatore Orsi in Bologna*; et plus bas, à droite : *Lud. Mathiolus f.* H. : 9 p. 6 l., y compris 6 l.? de marge ; L. : 7 p. 6 l.

II. *Saint Antoine, premier ermite.* Il est assis, vu de face, sur une butte au milieu, prêchant à une foule d'hommes pieux qui l'entourent. Un gros palmier occupe le fond à gauche, en avant de l'animal du saint. Dans la marge, une dédicace adressée au marquis *Assolini*, et, au dessous, à gauche : *Lod. Carazzi In*; et à droite : *Lod. Mattiol f. in. Bol* . H. : 15 p. 6 l., y compris 14 l. de marge. ; L. : 10 p. 3 l.

DAVEN (Léon). *Voyez* : THIRY (Léonard).

DAVID (Jean), dit de Gênes, florissait en Italie vers 1770.

178. Sujets pieux, historiques et de fantaisie : huit estampes.

DÉ (*Le Maître au*).

179. Joseph vendu par ses frères (1); *de la plus grande fraîcheur.* — L'Assomption (7); *idem.* — La Vierge couronnée (8). *Belle, mais un peu rognée par en haut.*

180. La Vierge couronnée par Jésus-Christ (9); *avec l'adresse de Lafreri, mais avant l'inscription :* CORONATIO, *etc., ce qui caractérise un état intermédiaire entre les deux décrits par Bartsch.* — La Sainte Trinité (10) : *la copie* B.

181. Saint Pierre déclaré chef de l'Église (11). *Très belle.* —

Sainte Barbe (12). *Belle.* — Saint Sébastien (14). *Très belle*, signée : *P. Mariette*, 1669.

182. Saint Roch (15). *Très belle*, signée : *P. Mariette*, 1670. — L'Envie chassée du temple des Muses (17) ; Ier état. *Belle.* — Cybèle sur son char (18) ; Ier état. *Très belle.*

183. Apollon tuant le serpent Python (19) ; Ier état. *Très belle.* — Daphné embrassant le fleuve Pennée (20) ; Ier état. *Belle.* — Apollon poursuivant Daphné (21) ; Ier état. *Très belle.* — Pennée consolé (22) ; Ier état. Cette épreuve, dont la marge est coupée, provient de la collection de *John Barnard*. Le papier est roux. *Belle.* — Les chars d'Apollon et de Vénus (24). *Belle.*

184. Sacrifice à Priape (27). *Très belle et de la plus grande fraîcheur.* On distingue l'esquisse de deux enfans couchés au milieu de la marge, entre les deux stances formant l'inscription ; travail qu'on n'aperçoit plus aux épreuves ordinaires.

185. Les noces de Jason et de Créuse (28). *La marge est coupée.* Cette épreuve provient de la collection de *John Barnard*. — Jeu d'Amours (30). *Très belle.* — Apollon et Marsyas (31) ; Ier état. *Très belle.*

186. Trois Amours jouant avec une autruche (33) ; Ier état. *Tachée.* — Les trois Amours et l'Enfant (35) ; IIe état. — Frise à l'Enfant monté sur une chèvre (36). *Très belle et de la plus grande fraîcheur.* — Frise au triomphe de l'Amour (37). *Idem.*

187. Les noces de Psyché (38). *Très belle et de la plus grande fraîcheur.* Épreuve tirée de la planche oxydée. Des taches occasionnées par cela s'aperçoivent à gauche depuis le bas jusqu'aux deux tiers de la hauteur.

188. La Fable de Psyché, selon Apulée, d'après Raphaël (39 à 70) ; suite de 32 estampes gravées par notre artiste et par Augustin Vénitien et Marc-Antoine. *Cette suite, d'une égalité de ton et de tirage qui ne laisse rien à désirer, est de la plus parfaite condition. Elle est avant l'adresse de Salamanca.*

189. Des Nymphes aident Psyché à sa toilette (48). *C'est le n° 10 de la suite qui précède.* Épreuve TRÈS RARE. *Elle est avant le cartouche et les vers au bas.*

190. Sujet isolé de l'histoire de Psyché (71). *Très belle.*

191. Énée sauvant Anchise (72). *Avec sa marge virginale.* — La victoire de Scipion sur Syphax (73) ; Ier état. *Très belle.* —

Le triomphe de Scipion (74). *Très belle.* Avant l'inscription, mais avec l'adresse de *Lafreri*, ce qui caractérise un état intermédiaire aux deux connus de Bartsch.

192. Les deux Gladiateurs (77). *Très belle.* — Le Combat naval (78). *Très belle.* Elle est signée : *P. Mariette*, 1668. — Panneaux d'ornement (80, 83, 84) ; IIe état.

DENTÉ (MARC), dit MARC DE RAVENNE. *Voyez* : MARC-ANTOINE.

DIAMANTINI (JOSEPH).

193. Sainte Famille (3). — Le Corps mort de Jésus-Christ (6). *Tachée.* — La République de Venise (10). — L'Olympe (11). — Hercule et Omphale (19). — Mercure et Argus (32). — Saturne et Rhée (35).

Morceaux inconnus à Bartsch.

194. *Psyché.* Escortée de Mercure et de Cupidon qui lui montre l'étoile de Vénus, Psyché est sur les nuages, tenant, de ses deux mains, la boîte renfermant de nouveau les vapeurs fatales. Deux Amours voltigent au haut, à droite. Dans la marge : *Clariss^{mo} Dom^{o} Dom^{o} Francisco Toffano Pro meo in se Amore Diam^{nus}. DD.*

H. : 9 p. 2 l., y compris 12 l. de marge ; L. : 6 p. 7 l.

ESPAGNOLET. *Voyez* : RIBERA (JOSEPH), dit L'.

FACINI ou FACCINI (PIERRE).

195. Saint François d'Assise (1). L'original et la copie en contre-partie, par un anonyme.

Morceau inconnu à Bartsch.

Les quatre mendians, faisant pendant aux nos 2 et 3 de Bartsch. Cette pièce a été indiquée par Brulliot, t. Ier, no 377. TRÈS RARE. *L'épreuve a souffert et n'est pas, d'ailleurs, dans son intégrité.*

FALCONÉ (ANGE).

196. Saint Jacques le Mineur? (3) ; deux épreuves : l'une est signée : *Mariette*, 1733. — La Sainte Vierge et sainte Élisabeth (7). *H : 7 p. 10 l. ; L : 5 p. 8 l.* ; Ier état, inconnu à Bartsch, c'est à dire avant le monogramme. TRÈS BELLE. — Apollon et Marsyas (11).

Morceau inconnu à Bartsch.

197. La Sainte Vierge assise à gauche, une main pendante

et soutenant, de l'autre, son divin Fils, assis sur un coussin, et qui a jeté ses bras autour du cou de sa sainte mère. Pièce sans marque, traitée dans le goût du n° 11. L'épreuve est signée *Mariette*, 1733. H. : 4 p. 3 l. ; L. : 2 p. 11 l. ?

FANTUZI ou **FANTUZZI** (Antoine), que nos ancêtres ont appelé **FANTOSE**.

Morceaux gravés sur cuivre (*).

198. Régulus (4). — Circé (6). Avec l'adresse d'*Aug. Quesnel*, au dessous du monogramme, ce qui caractérise un IIe état, inconnu à Bartsch. — Cybèle (10). — Dame Romaine (12).

199. Hercule labourant un champ (16). — Silène (17). — Dame Romaine (23).

200. Sardanapale brûlé dans son palais (26). — La grotte de Fontainebleau (35).

Pièces décrites par Bartsch, parmi celles anonymes de l'École de Fontainebleau, et qui sont du maître.

201. Les Soldats en marche (90). *Le monogramme, que n'a pas aperçu Bartsch, est sur une butte, au bas, à droite.* — Le Paysage, dans un encadrement carré (114). *Épreuve tirée en rouge.* — Montant d'ornemens à doubler (129). *Très belle.*

Morceaux inconnus à Bartsch.

202. I. *Statue de Minerve.* Vue de trois quarts et dirigée à droite, sa tête est casquée. Les avant-bras sont mutilés. Derrière elle, à droite, se voient sa lance et son égide. Nous connaissons des épreuves avec le monogramme sur la plinthe, à droite. Ici il a été assez mal effacé et remplacé par le nombre 72. Le 7 est formé du premier jambage de ce monogramme et le 2 du second jambage. H. : 9 p. 1 l. ; L. : 4 p. 2 l.

203. II. *Statue d'Hygie.* Vue de trois quarts et tournée à droite où elle semble marcher, la déesse de la santé tient, de la main gauche, un petit vase, et de l'autre un bâton surmonté de feuillages. Morceau sans marque. H. : 8 p. 10 l. ; L. : 4 p. 8 l.

204. III. *Cinq vases debout à la file sur une console.* Ceux des extrémités sont en gaîne et leurs couvercles sont formés de têtes tirant la langue. Morceau sans marque.

L. : 12 p. 2 l. ; H. : 6 p. 7 l.

(*) Pour les *camaïeux* exécutés par cet habile maître, sous les noms d'*Antoine de Trente*, voyez au mot : Clairs-obscurs.

205. IV. *Dessin de corbeille*. Corbeille décorée de pampres et de raisins, dont le pied est formé de trois Satyres qui lui servent de support. Son couvercle offre Bacchus caressant Ariane, assis sur des pampres et des raisins. Le fond est blanc. Morceau sans marque.

H. : 10 p. ? L. : 7 p. 6 l. ?

206. V. *La Prison*. Morceau gravé dans le même sens que celui attribué à *George Ghisi*, nº 66 de son œuvre. Les initiales *I. R.* ne s'y voient pas. Le monogramme de *Fantuzi* est au bas, à droite.

L. : 14 p. 1 l. ? H. : 9 p. 11 l. ? *Épreuve avec des restaurations.*

207. VI. *Marche d'Armuriers antiques*. Un chariot à quatre roues, chargé d'une enclume, de boucliers et de cuirasses, est conduit à droite par un cheval et un mulet. Il est escorté par des hommes à pied et à cheval qui occupent le fond. Morceau sans marque.

L. : 15 p. ; H. : 9 p. 7 l. — *Tachée.*

208. VII. *Marche de Licteurs*. Trois Licteurs, précédés de trompettes, se dirigent à cheval vers la droite. Morceau sans marque.

L. : 15 p. 6 l. ; H. : 9 p. 11 l.

FARINATI (Horace).

209. La mer Rouge (1). — La Descente de croix (2). — La Sainte Vierge (3) ; IIe état. — La Sainte Vierge (4). — Les Anges portant la croix (5) ; Ier état, inconnu à Bartsch ; il est avant l'adresse de *Zimmermann*.

FARINATI (Paul).

210. La Madeleine (2). — Saint Jean l'Evangéliste (3) ; IIe état. — La Charité (4). — Vénus et l'Amour (6) ; Ier état.

FIALETTI (Édouard).

211. Les Noces de Cana, d'après le Tintoret (2). *Belle.* — Onze des quinze pièces de la suite des Jeux de l'Amour (5 et de 7 à 16) ; Ier état. — Angélique et Médor (33). *Au bas, à droite, on voit la lettre D* (*).

(*) *Bartsch* ne fait pas cette remarque, parce que, sans doute, l'épreuve qu'il avait vue était avant la lettre. Cette initiale, autant que le faire de la pièce, nous semble démontrer que le Nº 33 est dû à un artiste qui ne doit pas être *Fialetti*.

FIORÉTIN (I. F.). *Voyez Bartsch*, t. XV, p. 502.

212. Les Noces de Vertumne et de Pomone (1); *la copie*, Ier état. *Épreuve de la plus grande fraîcheur.*

FONTANA (Jean-Baptiste).

213. Saint Martin (22); *la mesure indiquée est la véritable.* — Saint Pierre, martyr (23); *sur la pierre, où se lit l'inscription rapportée par Bartsch, on voit l'année* 1569. Épreuve portant l'adresse de *Nilli.* — Amulius dévoue sa fille à Vesta (24). — Romulus et Rémus nourris par une louve (25). — Numitor apaise le peuple armé contre Romulus (29). — Les Frères désunis consultant les Augures (30). — Romulus sacrifie à Hercule (33). — Le Ravissement des Sabines (35). — Tarpéia écrasée par les boucliers des Sabins (43). — Les Sabines concilient les Romains et les Sabins (45). — Titius ayant été tué, Romulus règne seul (47). — Les Véiens mis en fuite (49).

214. Les Compagnons d'Énée combattant contre les domestiques du roi latin (52).

FONTÉBASSO (François), *peintre et graveur à l'eau-forte, né à Venise, en* 1681.

Princesse s'apprêtant à boire d'une coupe empoisonnée. Pièce sans marque.

FRANCO (Jean-Baptiste), dit semoleo.

215. Les Israélites ramassant la manne dans le désert (4); IIe état. *Belle.* — Melchisédec offrant le pain et le vin à Abraham (5); IIe état. — L'Arche dans le temple de Dagon (6); Ier état. *Rare.* — Les Pasteurs adorant l'Enfant Jésus (8); Ier état. *Très belle.*

216. La Résurrection du Lazare (16). *Pièce gravée sur trois planches.* — Le Corps de Jésus-Christ descendu de la croix (17). — La Vierge pleurant sur le corps mort du Sauveur (25). — Sainte Famille (30); IIe état. — Saint Jérôme méditant sur une tête de mort (37); IIe état.

217. Le Bas-relief antique (45). *Très belle.* — Diane et ses Nymphes (46); Ier état, avant la lettre. *Rare. Très belle.* — Quatre des dix sujets de l'histoire de Trajan (40, 49, 52 et 53). *Avant la lettre.*

218. La Clémence de Scipion (54); IIe état. *Belle.* — L'empereur Constantin faisant donation de Rome au saint-siége (55). Très rare. *L'épreuve est tachée et a subi des restaurations.*

219. La Religion consolant le vieillard (58). — Deux Génies

voltigent en l'air (66). — Différens Animaux (76). Ces trois compositions ont été gravées sur la même planche, et M. Bartsch n'en a pas parlé. *Nous offrons ici une épreuve* TRÈS RARE *de la planche non divisée.* Elle est de la plus belle condition. — Deux sujets sur la même planche (71); Ier état, avant la lettre. *Très belle.*

220. Trois Éléphans et une Panthère (74); Ier état, avant la lettre. *Très belle.* — Homme donnant audience au pied de la statue de Bacchus (79). *Très belle*, avec sa marge virginale.

221. Les Éléphans, le Sanglier et le Lion (80). *Très belle et très rare.* — Différens sujets sur la même planche (81); épreuve *très rare* de la planche non divisée. — Le Déluge universel (No 3 de l'Appendice).

GABBIANI (ANTOINE-DOMINIQUE).

222. La Sainte Vierge (1).

GANDOLFI (GAÉTAN), *peintre et graveur à l'eau-forte, né à Bologne, en 1725, où il florissait vers 1755.*

Allégories, sujets de genre et têtes d'étude, *sept petites pièces.* L'une est marquée *G. G. fe J et inc.*; une autre *G. Gfi*; les autres sont sans marque.

GALESTRUZZI (JEAN-BAPTISTE).

223. La Pentecôte (1) (*). — L'Enlèvement des Sabines (4). — L'Armée de Spargabise taillée en pièces (6). — La Continence de Scipion (7). — L'Apothéose d'Homère (11). — Deux têtes de Méduse (12); Ier état. — Suite de Tritons et de monstres marins, en dix-huit pièces (21 à 38); *manquent les nos 35 et 36.* — Mercure apportant la pomme d'or à Pâris (40). — Trophées d'armes (42 à 46). — Trophées d'armes et de vases (47 à 51). — Décoration de l'opéra intitulé : *Il Trionfo della Pietà* (56). — Monument en l'honneur du cardinal Mazarin (58).

Morceau non connu de Bartsch.

224. I. Copie au trait, dans le sens de l'original de la célèbre estampe de *Melchior Meier*, qui a passé longtemps pour être de *Martin Rota*, laquelle représente Marsyas écorché par Apollon. La tablette porte cette inscription : FRANC MED.
·MA. ETERVR
D. II. P·B·M
. 150081.

(*) Nous croyons cette pièce bien plutôt de *Simon Guilain* que de *Galestrussi.*

Sur une souche, à droite, on voit le monogramme habituel de Hans Sebald Beham, mais formé d'un S *rempli* dans un H *non rempli*. Dans la marge, à droite ; *Gio. Batta. Galestruzzi. fece.*

L. : 11 p. 5 l. ; H. : 8 p. 8 l., y compris 3 l. de marge.

GATTI (OLIVIER).

225. Dieu créant le monde (1). — Dieu créant le premier homme (2). — Abraham prêt à sacrifier Isaac (3). — Judith et sa servante (4). — La Sainte Vierge, d'après Garbieri (26). — Saint Jérôme (28). — Le Paysage (63). — Frontispice d'un livre à dessiner (118).

GHISI (ADAM), dit LE MANTOUAN.

226. La Vierge allaitant l'Enfant Jésus (4). — Énée portant Anchise (9); *la marge est coupée.* — Deux Amours sur des Dauphins (13). — Hercule, vu par le dos (15). — Hercule étouffant le lion de Némée (21). *Belles épreuves.*

227. Études de figures de *Michel-Ange*, la plupart tirées des peintures de la voûte de la chapelle Sixtine du Vatican; suite de soixante-treize, et non de soixante-douze estampes, comme le dit Bartsch (27 à 98 *a.*); *manquent les nos* 8 et 9. *Très belles épreuves dans leur fraîcheur virginale, avec des marges.*

228. Sacrifice d'un Porc (104). — La Victoire assise entre des trophées (105). — La Pêche, d'après *Jules Romain* (106). *Très belle épreuve de la plus grande fraîcheur et vierge de marge.*

Morceaux inconnus à Bartsch.

229. Vignettes décorant un livre intitulé : *Rosario della sacratissima vergine Maria Madre d'Iddio Nostra Signora*, etc., in-8° ; *Giuseppe de gl'Angeli*, Rome, MDLXXIII.

Sauf la première, elles sont sans nom.

H. : 6 p. 6 l. à 7 p. ; L. : 4 p. 8 l. à 5 p.

I. *Frontispice.* Décoration d'autel portant cette inscription : ROSARIO DELLA SACRATISS. VERGINE MARIA MADRE DI DIO NOSTRA SIGNORA DALL'OPERE DEL REV. P. F. LVIGI DI GRANATA DELL'ORDINE DE PREDICATORI, etc. Le tableau, bordé d'un rosaire, offre la sainte Vierge assise sur un trône, tenant sur elle son divin Fils. Ils distribuent des chapelets à des religieux des deux sexes, prosternés au pied du trône. Deux saints religieux sont debout aux deux côtés de ce tableau, au dessous duquel est une tablette où es écrit : ADAM SCVLPTOR MANTVANVS INCIDIT ROMÆ MDLXXIII.

II. Religieux en chaire offrant des chapelets au pape, assis entre un empereur et un roi, à la gauche de ce morceau qui présente l'intérieur d'une église.

III. Vase orné d'un rosier portant cette inscription : ROSARIO GAVDIOSO. Au centre, se voit la Vierge présentant une fleur à l'Enfant Jésus. Il est environné d'un rosaire dont les *Pater* représentent l'Annonciation, la Visitation, la Nativité, la Purification et Jésus parmi les docteurs.

IV. L'Annonciation.

V. La Visitation.

VI. L'Adoration des Bergers.

VII. La Purification.

VIII. Jésus parmi les docteurs.

IX. Vase d'où s'élève un rosier portant cette devise : ROSARIO DOLOROSO, et décoré, à son milieu, de la Vierge de douleur tenant sur ses genoux le corps mort du Rédempteur. Le sujet est environné d'un rosaire dont les cinq *Pater* représentent Jésus au Jardin des Olives, la Flagellation, le Couronnement d'épines, le Portement de croix et le Crucifiement.

X. Jésus au Jardin des Oliviers.

XI. Jésus flagellé.

XII. Le Couronnement d'épines.

XIII. Le Portement de croix.

XIV. Le Calvaire.

XV. Vase d'où s'élève un rosier portant cette devise : ROSARIO GLORIOSO, et décoré, au milieu, de la Vierge, assise et priant sur son trône radieux. Le sujet est environné d'un rosaire dont les cinq *Pater* offrent la Résurrection, l'Ascension, la Descente du Saint-Esprit, l'Assomption et la Félicité céleste.

XVI. La Résurrection.

XVII. L'Ascension.

XVIII. La Descente du Saint-Esprit.

XIX. L'Assomption de la Vierge.

XX. Le Couronnement de la Vierge dans le ciel.

XXI. N.-S. s'entretenant avec ses disciples.

XXII. La Vierge, assise de face, tient sur elle son divin Fils qui donne la bénédiction à des religieux et à des religieuses de la confrérie du Rosaire.

GHISI (Diane), dite Mantouan.

230. La Sainte Vierge tenant l'Enfant Jésus qui donne la bénédiction à saint Jean (18); Ier état, c'est à dire avant le nom de *Ferranti*. — Aspasie discourant à table avec Socrate et un autre philosophe (32); Ier état, *avant l'adresse de Rubeis. D'une fraîcheur virginale.*

231. La Continence de Scipion (33); *de la plus grande fraîcheur, avec une grande marge.*

232. Horatius Coclès (34); *de la plus grande fraîcheur, avec une grande marge.*

233. Le Corps mort de Patrocle retiré du combat (35). Chef-d'oeuvre de l'artiste. *Épreuve de la plus grande fraîcheur, avec sa marge virginale.*

234. Le Supplice de Régulus (36); *de la plus grande fraîcheur, avec de la marge.*

235. Amphion et Zétus (37).—Statue d'Hercule (38); IIe état, c'est à dire avec l'adresse de *Duchetti. Épreuve de la plus grande fraîcheur.*

236. La Naissance d'Apollon et de Diane (39); Ier état, *de la plus grande fraîcheur, avec sa marge virginale.*

237. Le Tireur d'épines (42). — Les deux Femmes marchant (43).

238. Le Charlatan tenant des couleuvres (44); Ier état, inconnu à Bartsch, c'est à dire avant l'adresse. *Épreuve de la plus grande fraîcheur, avec sa marge virginale.*

239. Sacrifice à Jupiter (46); Ier état, inconnu à Bartsch, c'est à dire avant l'adresse. *Épreuve de la plus grande fraîcheur, avec sa marge virginale.*

GHISI (George), dit le Mantouan.

240. La Vierge au linge (5). *Belle.* — Le Mariage de sainte Catherine (11). — Le Père Éternel soutenant le Christ mort (14). *Belle.*

241. L'Homme de douleurs (15). — Marius à Minturnes (26). *Belle.*

242. La perfidie de Sinon (28). *Très belle.*

243. Deux répétitions de Neptune et Thétis, suite de quatre

estampes (30 à 33). *Très belles*, tirées sur deux feuilles. *Épreuves de la plus grande fraîcheur, avec leurs marges virginales.*

244. Trois Muses (36). *La marge est coupée.* — Apollon jouant de la lyre (39). *La marge est coupée.*

245. Vénus blessée par les épines d'un rosier (40). *Très belle.* Le papier a une nervure qui le traverse.

246. L'Hercule Farnèse (41). H. : 13 p. 5 l. ; L. : 8 p. ; Ier état. *Très belle épreuve, de la plus grande fraîcheur, avec* 6 *l. de marge.*

247. Vénus embrassant Adonis (42). *Très belle.* — Hercule victorieux (44). *Très belle ; mais la marge est coupée.* — Cupidon et Psyché (45) ; Ier état. *Tachée et avec des restaurations.*

248. Hercule et Bacchus (48). *Belle.* Vénus au milieu de deux déesses et de deux Amours (49) ; *id.* — Apollon et trois autres dieux (51) ; *id.* — Vénus faisant forger les traits de l'Amour (54). — Silène et un Satyre (55). *Belle.* — Hercule couché dans une campagne (56).

249. L'accouchement de l'Aurore (57). *Très belle.* — Jupiter plaçant dans le ciel la nymphe Calisto (59). *Très belle ; de la plus grande fraîcheur, et avec sa marge virginale* (*).

250. Le Jugement de Pâris (60). *Très belle épreuve, d'une fraîcheur virginale ;* elle a 3 l. de marge.

251. Jeune Femme assise dans un bateau (65). *Belle.* — La Prison (66). *Très belle épreuve de la plus grande fraîcheur, avec sa marge virginale* (**).

252. La Mélancolie de Michel-Ange, ou le Songe de Raphaël (67). *Très belle.*

253. Pénélope au milieu de ses femmes (n° 2 de l'Appendice). *Belle ;* l'épreuve est signée : *P. Mariette*, 1660.

GHISI (JEAN-BAPTISTE), dit LE MANTOUAN.

254. Homme à cheval armé à l'antique (15). *Très belle.* — Le fleuve Pô (19) ; *le papier est roux.*

255. Les Troyens repoussant les Grecs (20) ; Ier état : les casques et les bonnets des guerriers, au haut, ont un reflet lu-

(*) Si, quelque jour, on fait une édition nouvelle de Bartsch, on devra classer ce morceau parmi les pièces douteuses.

(**) Cette pièce serait bien mieux placée dans l'œuvre de *Pencz* que dans celui de *George Mantouan.*

mineux qui, dans le IIe, a été éteint par des tailles. Les épreuves de ce Ier état sont connues dans le commerce sous ce titre : *Aux Bonnets blancs*. M. Bartsch a ignoré cette remarque. — *Très belle.*

GIORDANO (LUCAS), dit FA PRESTO.

256. Le Sacrifice d'Élie (1) ; IIe état. — Le repos en Égypte (2). On lit sur la terrasse, à gauche : *Luca giordano del et scul.* Plus bas, vers le milieu, sont les initiales L. G. — Jésus-Christ disputant dans le temple (3) ; IIe état.

257. Le Corps mort de Jésus-Christ (4). — La Femme adultère (5) ; IIe état. — Sainte Anne (6) ; état postérieur au IIe de Bartsch. On lit dans la marge, à gauche : *Pa. Petrini, excu. Neapoli.* Cependant ces mots sont d'une écriture semblable à celle des mots : *In et sculp.* tracés à la suite du nom du Maître.

258. Le Sacrifice d'Élie (1) ; Ier état. — Jésus-Christ disputant dans le temple (3) ; Ier état.

259. La Femme adultère (5) ; Ier état.

Plus, une pièce gravée à l'eau-forte, d'après le Maître, par *Jean Varinus*, représentant sainte Anne tenant la Vierge enfant dans ses bras, qu'elle offre au Saint-Esprit planant au milieu du haut. Ce beau morceau a été dédié, en 1674, à M. Vignola, résident de Venise à Naples.

H. : 11 p. 8 l., y compris 12 l. de marge ; L. : 7 p. 6 l.

GIOVANI (FRANÇOIS). Voyez JUVANTS.

GEMIGNANI (HYACINTHE).

260. Jeux d'Enfans (8 à 19) ; seulement les nos 3 et 6 à 12 de la suite des douze. — Sémiramis (22). — Cléopâtre (23) ; IIe état. — Deux estampes pour la guerre de Belgique, de *Strada* (26 et 27). *Très belle.*

GRIMALDI (JEAN-FRANÇOIS), dit LE BOLOGNESE.

261. Le Buste colossal (1). — La Pyramide (2). — L'Homme rampant (3). — L'Homme à cheval (4). — Les deux Hommes à cheval (5). — L'Entretien des trois Hommes (6). — Les deux Cavaliers entrant dans le fort (7). — Le fût de colonne (8).

262. Les deux Femmes sur le petit pont (9). — Le groupe de quatre Hommes (10). — Les deux Hommes sur la butte (12). — Les deux Boucs (14). — Repos en Égypte (15). — Le Saint-

Sacrement (16), morceau de *deux pièces* et non de quatre, comme le dit Bartsch.

263. La Tour crénelée (17). — Le petit Bateau (19). — L'Homme debout près de deux autres assis (21). — L'Homme assis et les trois Hommes debout devant lui (22). — Les deux Hommes assis sur une butte (23). — L'Homme tenant un long bâton près d'un autre qui est assis (24). — Les deux Hommes debout près de la Femme assise (25). — Les cinq Hommes et les deux Femmes (26). — Les deux Bateaux (27). — Les deux Hommes descendant dans l'eau (28). — La Femme assise sur le bord du chemin (29). — L'Homme assis près d'une souche (30).

264. Les deux Hommes au sommet de la montagne (31) (*). — Les deux Hommes marchant ensemble (32) ; deux épreuves, l'une avant la lettre ; sur l'autre, inconnue à Bartsch, on lit au bas, à gauche : *Ioan, Francesse fe. in Roma*, et à droite : *Daman ex.* — Les trois petits Bateaux (33). — L'Arbre rabougri (34). — Le Chemin creux (35) (**). — Les trois Hommes jouant aux dés (38).

265. L'Oiseau perché sur une souche (40); Ier état, c'est à dire avant les noms : *An. Carac.* — La Femme, son Enfant et l'Homme debout (41), Ier état, *idem*. Épreuve signée : *P. Mariette*, 1660. — La Briqueterie (42), Ier état, inconnu à Bartsch, c'est à dire avant l'adresse de *Rossi*. — Sainte Madeleine pénitente (43), Ier état, inconnu à Bartsch, c'est à dire avant l'adresse de *Rossi*.

266. Les Joueurs (46). — Le Rocher rond (47). — Le Baptême de Jésus-Christ (48). — Le Serpent (49). — Saint François d'Assise recevant les stigmates (50).

267. La Fuite en Égypte (51). — Les trois Hommes (52); Ier état, avant les noms du *Titien* et de *Daman*. — L'Homme debout près des deux autres assis (53); Ier état, inconnu à Bartsch, c'est à dire avant toute lettre ; IVe état, sous ces mots : *Ticiano Venetia*; on lit, à droite : *in Bassano per il Remondini*. L'adresse de *Daman* se voit toujours à gauche. — Le Joueur de

(*) Cette pièce est bien plutôt d'*Onofrio*.

(**) Morceau à reléguer dans un appendice ; il ne fut jamais du maître. La composition rappelle *le Benedette*.

luth (54); état postérieur à celui de Bartsch, c'est à dire avec l'adresse de *Remondini*, indépendamment de celle de *Daman*. — Les quatre Joueurs de dés (55); avant toute adresse, seulement les mots : *Ticiano Venetia.*

GURRERI ou GURRERIUS (François), *artiste sur lequel on n'a pas de données; florissait en Italie, en* 1625.

268. *L'enlèvement d'Europe.* Jupiter, transformé en taureau, traverse la mer à la nage, en se dirigeant à droite avec son fardeau, qui porte ses regards vers le fond de la gauche. Au bas, de ce dernier côté : FRANC. GVRRERIVS *foro Semproniensis in et incidebat* 1625 (les seconde et troisième lettres du nom de famille réunies en forme de monogramme). Morceau à l'eau-forte et peu venu. L. : 8 p. 8 l.; H. : 6 p. 2 l.

HONOFRIIS. Voyez : **ONOFRIO.**

IMPÉRIALE (Jérôme).

La Sainte Vierge (1). — La Sainte Vierge (2). *Très belles.*

JÉSUS-CHRIST (le Maître au nom de).

Morceaux inconnus à Bartsch.

269. I. Pièce allégorique dont le côté droit, jusqu'aux trois quarts de la largeur, offre l'intérieur d'une chambre à coucher où l'on voit un vieillard assis et méditant; en avant de lui est une femme assise sur le parquet, dont les traits rappellent la sainte Thaïs du Parmesan. A gauche, à l'opposite de cette femme, on en voit une autre, pareillement assise à terre, portant la vue sur un panier à ouvrage placé entre elles. Au fond, à côté d'un lit, est une troisième femme assise et méditant, dont les traits rappellent ceux de la femme en méditation de Raphaël, gravée par Marc-Antoine, n° 443 de l'œuvre. La gauche de ce morceau offre le dehors de cette chambre où se voit, au bas d'une fenêtre, un personnage, debout, occupé à jeter des pommes dans la chambre, et dont une se remarque sur le lit. Sous les pieds de ce personnage, on lit : SAN NICHOLLO. Au bas, à droite, est le monogramme. L. : 15 p. 3 l.; H. : 10 p. 3 l.

Nota. Cette composition a été gravée par plusieurs artistes. Nous l'avons vue de *Corneille Cort*, dans le même sens que celle-ci, avec cette inscription : *Diuus Nicolaus*, etc., suivie de trois distiques.

II. Un aigle monstrueux s'est jeté sur un dragon chimérique

qu'il semble vaincre, aidé par d'autres animaux. Pièce ronde offrant le monogramme sur une tablette, près du bord droit. Diamètre : 4 p. 6 l.

JUVANTS, ou JUUANTS, ou JUUANI, ou GIOVANI (François).

270. La Nativité (1). — Saturne (2). — L'Enfant Jésus (3). *Très belles.*

LABRUZZI (Charles), *artiste sur lequel on n'a pas de données.*

271. Soldat, vu de profil, tenant une pique de la main droite. Au haut du même côté : 1780. *Carlo Labruzzi f j.* Goût de Salvator Rosa. H. : 6 p. 3 l. ; L. : 3 p. 11 l.

LANA (Louis).

272. Sainte Famille (1). — La Vierge embrassée par l'Enfant Jésus (3). — La Mort de Sénèque (5). *Belle pièce.*

Morceaux inconnus à Bartsch.

273. I. *La Vierge et l'Enfant Jésus.* La Vierge assise à gauche et vue jusqu'aux genoux, ayant la tête appuyée sur la main droite, tient, de l'autre, l'Enfant Jésus nu et dormant sur un coussin placé sur le giron de sa sainte Mère, dont les yeux sont fixés sur lui. Un rideau orne le fond de la gauche. Morceau sans marque. H. : 5 p. 2 l. ; L. : 4 p. 8 l.

274. II. *Saint Joseph et l'Enfant Jésus.* Saint Joseph, debout en demi-figure, dirigé à la gauche de devant, soutient l'Enfant Jésus nu et couché dans ses bras, et qui lui sourit en jouant avec sa barbe. Le fond est décoré d'une draperie. Au haut, à droite : L°. F. H. : 5 p. ; L. : 4 p. 5. l.

275. III. *Saint Sébastien.* Le saint est sur son séant, au pied d'un gros arbre auquel ses mains sont attachées. Une flèche l'a atteint au dessous de l'aisselle gauche. Sur la terrasse, à gauche : *Lodovico Lana in. F.* 1622. Morceau d'une pointe qui rappelle celle de Lanfranc. H. : 7 p. ; L. : 5 p. 2 l.

LANFRANCO (Jean), dit Lanfranc.

276. La Harangue (30). — Le Triomphe (31) ; Ier état. *Rare.* — Saint-Thomas-d'Aquin (2 des pièces douteuses).

LIAÑO ou LIAGNO (Théodore-Philippe).

277. Saint Jean prêchant dans le désert (1). Pièce capitale du maître. *Très belle.*

278. Différens Soldats (2 à 13); suite de deux estampes. *Très belles.*

Morceau inconnu à Bartsch.

Frontispice de cette suite (13 *bis*). Pallas assise sur des trophées. Dans un cartouche tombant dans la marge : *Capricci habiti Militari di Philippo De Liagno Napolitano Nouamente dati in luce da Giuseppe de Rossi in Roma* 1635 ; et en dehors, à droite, le chiffre 1. Ce morceau, gravé au burin, n'est pas du maître. Il peut servir à démontrer que l'adresse d'*Orlandi* a été mise après coup sur plusieurs des pièces de la suite.

LOLI (Laurent).

279. La Vierge avec l'Enfant Jésus, d'après J.-A. Sirani (2). — La Vierge avec l'Enfant Jésus, d'après E. Sirani (3). — La Vierge, l'Enfant Jésus et saint Jean (5); *l'original et la copie.* — Sainte Famille, d'après J.-A. Sirani (6) ; *l'original et la copie tirée en rouge.*

280. La Vierge accompagnée de deux saints (8) ; *tachée et avec des restaurations.* — L'Enfant Jésus et le petit saint Jean (10). — Saint Jérôme, d'après le Guide (13). — Saint Jérôme, d'après J.-A. Sirani (14). — Diogène (16); *tachée et avec des restaurations.* — Andromède, d'après J.-A. Sirani (17).

281. L'Amour endormi (18). — Deux Amours luttant ensemble (19). — Bacchanale d'Enfans (21). — Deux Amours sous une espèce de tente (22). — L'Amour rompant son arc (23). — Hercule au berceau (24). *Tachée.*

282. Bacchanale de trois Enfans (25). — Les armes de Guasta Vilani, d'après J.-A. Sirani (26). — Bacchanale de trois Enfans (27). — La Récompense de l'étude, d'après J.-A. Sirani (30). — La Renommée (31).

Morceau inconnu à Bartsch.

La Vierge et l'Enfant Jésus. La Vierge, assise de face et vue jusqu'aux genoux, tient sur son giron l'Enfant divin nu et sommeillant, qu'elle regarde avec amour, et dont elle s'apprête à orner la tête d'une couronne de fleurs qu'elle tient de la main droite. Pièce de forme ovale, sans nom ni marque, dont le fond est blanc, sauf l'auréole qui entoure la tête de la Vierge.

H. : 8 p. 9 l.; L. : 7 p.

LONDONIO (François). *Voyez* le Catalogue Rigal.

283. Les n°s 8, 10, 12, 16, 22, 35, 37, 38, 42, 44, 46 et de 71 à 76 de l'œuvre du maître. Plus, quatre copies d'après lui tirées sur du papier bleu. En tout 21 estampes.

LULMUS (Barthélemy).

Morceau inconnu à Bartsch.

284. *Jésus en croix entre les deux larrons.* La sainte Vierge soutenue par la Madeleine et une autre sainte femme, et par saint Jean, se voit au bas, vers la droite. Des soldats jouent aux dés, à gauche, les vêtemens du Rédempteur. Un bourreau, monté à l'échelle dressée contre la croix d'un larron, s'apprête à le frapper d'une massue. Le soleil et la lune éclairent le sujet. On lit au bas, à gauche : B^{s} LV. BRIX. H. : 12 p. 9 l.; L. : 9 p. 4 l.? Épreuve faible, *collée en plein.*

MANTEGNA (André).

285. La Sépulture (3). L. : 16 p. 7 l.; H. : 12 p. 4 l.; *Belle.* — Vieillard au bonnet (23). *Très belle.*

MANTOUAN (les). Voyez GHISI (Adam, Diane, George et Jean-Baptiste).

MARATTI (Charles), dit Carle MARATTE.

286. La Nativité de la Vierge (1); Ier état, *inconnu à Bartsch;* c'est à dire avant les noms du maître. — L'Annonciation (2); Ier état, *idem.* — La Visitation (3); Ier état, *idem.* — Jésus adoré par les Anges (4); Ier état, *idem.*

287. La Nativité de la Vierge (1); *avec les noms du maître.* — L'Annonciation (2); *idem.* — La Visitation (3); *idem.* — Jésus adoré par les Anges (4); *idem.* — L'Adoration des Mages (5); *du seul état indiqué par Bartsch.*

288. La Sainte Vierge et la Madeleine (6); Ier état, *inconnu à Bartsch*; c'est à dire avant les noms du maître. — Jésus et la Samaritaine (7); *du seul état indiqué par Bartsch.* — L'Assomption de la Vierge (8); Ier état, *inconnu à Bartsch;* c'est à dire avant les noms du maître. — La Sainte Vierge et le petit saint Jean (9); *du seul état indiqué par Bartsch.* — Le Mariage de

sainte Catherine (10); *Ier état, inconnu à Bartsch ; c'est à dire avant les noms du maître.*

289. La Sainte Vierge et la Madelaine (6); *avec les noms du maître.* — Jésus et la Samaritaine (7); *du seul état indiqué par Bartsch; épreuve tachée et avec des restaurations.* — L'Assomption de la Vierge (8); *avec les noms du maître.* — Le Mariage de sainte Catherine (10); *avec les noms du maître.* — Le Martyre de saint André, d'après le Dominiquin et non d'après Ciampelli, comme le dit Bartsch, qui s'en est mal à propos rapporté à l'inscription de l'épreuve qu'il avait sous les yeux (11); *épreuve avec 6 l. de marge, de l'état de Bartsch.*

290. Le Martyre de saint André, d'après un tableau du Dominiquin peint dans une chapelle de l'église Saint-Grégoire, hors des murs de Rome (11); Ier état, *inconnu à Bartsch ; c'est à dire avec les trois mots seulement :* Cum priuil. Regis, *au bas, à droite. Très belle épreuve.* — Saint Charles Borromée (12); *très belle.* — Héliodore chassé du Temple, d'après Raphaël (13); Ier état, *inconnu à Bartsch,* avant toute lettre.

291. Héliodore chassé du Temple (13); épreuve de l'état constaté par Bartsch. Plus, dix pièces, d'après le maître, par *R. Audenaerd* et des anonymes.

MARC-ANTOINE.

Estampes gravées par Marc-Antoine Raimondi, Augustin di Musi, dit Augustin Vénitien, et Marc Dente, dit Marc de Ravenne, *longtemps connu sous les noms de* Silvestre de Ravenne. Voyez Bartsch, t. XIV.

292. Adam et Ève (1). Très rare. *Épreuve avec des restaurations.*

293. Dieu ordonnant à Noé de bâtir l'arche (3). Rare. *Épreuve de la plus belle condition et de la plus grande fraîcheur.* Elle a une marge rapportée.

294. Le Sacrifice de Noé (4). Le Sacrifice d'Abraham (5); *Épreuves de la plus grande fraîcheur.*

295. Dieu apparaissant à Isaac (7). *Belle, mais doublée en plein.* — La Manne (8); avant l'adresse de Salamanque. *Épreuve de la plus grande fraîcheur.*

296. Joseph et la femme de Putiphar (9). *Belle, mais le papier est roux.* La mort de Zambri et de Cozbi (14); *pièce libre.*

Copie. — La Nativité (17); Ier état. *Belle, mais le papier est roux.*

297. Le Massacre des Innocens (18). *Très belle épreuve de la planche dite* au chicot. *Rare.*

298. Jésus-Christ à table chez Simon le Pharisien (23); Ier état. *Épreuve de la plus grande fraîcheur.*

299. La Vierge pleurant le Corps mort de Jésus-Christ (34). *Épreuve avec des restaurations de la planche dite* au bras nu. *Très rare.* — Le Corps de Jésus-Christ entre les mains de trois anges (40). *Épreuve faible, mais bien conservée.*

300. Saint Paul prêchant à Athènes (44). *Très belle.*

301. La Vierge assise sur les nues (47). TRÈS RARE. *Épreuve faible.* — La Vierge lisant, accompagnée de l'Enfant Jésus (48). *Doublée.*

302. La Vierge à la longue cuisse (57). *Très belle et d'une fraîcheur virginale.*

303. La Vierge au Palmier (62). *Très belle et d'une fraîcheur virginale.*

304. Jésus-Christ et les douze Apôtres, suite de 13 estampes (64-76); Ier état. *Belles.*

305. Jésus-Christ et les douze Apôtres, suite de 13 estampes (79-91); Ier état. *Très belles.* 10 portent les initiales de *Pierre Mariette.*

306. L'Évangéliste saint Marc (94). *Belle.* — Saint Jérôme au Petit-Lion (103). *Belle.*

307. Le Martyre de saint Laurent (104). *Très belle, avec des restaurations.*

308. Saint Michel (105). Très belle épreuve, portant les initiales de *Pierre Mariette.*

309. Les cinq Saints (113). *Très belle épreuve et d'une fraîcheur virginale.*

310. Sainte Cécile (116). *Très belle épreuve et d'une fraîcheur virginale.*

311. Le Martyre de sainte Félicité (117). *Très belle.*

312. Sainte Lucie, sainte Catherine et sainte Barbe sur la même planche (120). *Belle épreuve d'une pièce extrêmement rare quand, comme celle-ci, elle n'est pas divisée en trois.*

313. La Véronique (122). *Belle.*

314. La Sibylle de Cumes (123); Ier état. *Belle.*

315. Saint Jacques le Majeur (127); *a.* Avant le monogramme de Marc-Antoine, remarque inconnue à Bartsch. — Saint Antoine, premier ermite (141). — Saint Christophe (147).

316. Saint Roch (162). — Saint Sébastien (165). — Sainte Anne et la Vierge avec l'Enfant Jésus (172). *Belles.*

317. Didon (187). TRÈS RARE. Épreuve brillante provenant de la collection de M. *de Valois.*

318. Titus et Vespasien (188). — Scipion l'Africain (189). — Horatius Coclès (190).

319. Iphigénie (194). *Très belle.* — Entellus et Darès (195). — Cléopâtre (198).

320. Cléopâtre (199). TRÈS RARE. *Très belle épreuve.* Plus, la copie C. de ce morceau.

321. Cléopâtre (200). Camille (201); Ier état. — Deux des quatre bas-reliefs de la colonne Trajane (202 et 205); IIes états.

322. Alexandre faisant serrer les œuvres d'Homère (207). *Très belle épreuve provenant de la collection de M. de Valois.*

323. L'enlèvement d'Hélène (210). *Belle.*

324. Le Triomphe (213); *Très belle épreuve d'une planche rare.*

325. Quatre des huit bas-reliefs antiques (222-225); Ier état, c'est à dire avant l'adresse *d'Ant. Sal.*

326. Deux Faunes portant un enfant (230). *Très belle.*

327. Psyché servie dans le bain par des nymphes (236); Ier état, c'est à dire avant le cartouche et les vers au bas. A la gauche du bas, on voit le chiffre 7.

328. Marche de Silène (240); Ier état. *Très belle épreuve d'une fraîcheur virginale, avec 4 l. de marge.*

329. Le bas-relief aux trois Amours (242). — Laocoon (243); IIe état. *Épreuve d'une fraîcheur virginale.*

330. Le Parnasse (247). *Très belle épreuve d'une grande fraîcheur.*

331. La Bacchanale (248). TRÈS RARE. *Avec des restaurations; le papier est roux.*

332. Répétition de la pièce précédente (249). TRÈS RARE AUSSI. *Belle.*

333. Une Muse (271). *Très belle.* — Le Satyre et l'Enfant (281). *Belle.*

334. Vénus et l'Amour (286); IIIe état. — Hercule étouffant le lion de Némée (287); *trois angles sont tronqués.*

335. Le jeune et le vieux Bacchant (294). *Très belle épreuve* signée : *P. Mariette*, 1671.

336. Orphée et Eurydice (295). *Belle.*

337. Faune accompagné d'un Enfant (296). *Très belle épreuve* timbrée de la marque de la collection d'*Arondel.*

338. Vénus sortie du bain (297). *Très belle épreuve* provenant de la collection de M. *de Valois*. Plus, la copie B *un peu tachée.*

339. La Vendange (306). *Très belle.*

340. Le Faune et le Tigre (307). *Épreuve dans sa fraîcheur virginale.* — Vénus et l'Amour (311). *Copie.*

341. Apollon et Daphné (317). *Belle; mais le papier a une nervure.*

342. Vénus et l'Amour (318). *Très belle.*

343. L'Amour et les trois Enfans (320). *Très belle.*

344. Vénus blessée par l'épine d'un rosier (321). *Très belle et de la plus grande fraîcheur.*

345. Pan et Syrinx (325). *Pièce libre.* Ier état, *avant la retouche.* Rare. *Très belle.*

346. Apollon (333). *Belle.*

347. Pallas (337). *Très belle et de la plus grande fraîcheur.*

348. Hercule et Anthée (346). *Très belle et de la plus grande fraîcheur.*

349. Apollon et Hyacinthe (348). *Très belle, le papier est roux.*

350. Galatée (350). Très rare. *Belle.*

351. Le *Quos ego* (352). *Épreuve avec de la marge et d'une fraîcheur virginale.*

352. Le Songe de Raphaël (359). *Très belle.*

353. Trajan entre la ville de Rome et la Victoire (361). *Très belle et de la plus grande fraîcheur.*

354. Le Bâton courbé (369). *Très belle.*—La Prudence (371). *Très belle.* — La Femme aux deux éponges (373). *Belle.*

355. L'Homme et la Femme aux boules (377); Ier état. *Très belle et de la plus grande fraîcheur.*

356. L'Homme montrant une hache à une femme (380). *Très belle et de la plus grande fraîcheur.*

357. Le jeune Homme à la lanterne (384). *Très belle et de la plus grande fraîcheur.*

358. Les Vertus, suite de 7 estampes (386-392). *Épreuves avec de la marge et de la plus grande fraîcheur.*

359. La Paix (393). *Faible.* — La Force (395). *Superbe épreuve de la plus grande fraîcheur.*

360. Le Serpent parlant à un jeune Homme (396). RARE. *Très belle et de la plus grande fraîcheur.*

361. Les deux Femmes au Zodiaque (397). — Le Pêcheur (403). — La Chasse au lion (416). *Très belle. Le papier est roux.*

362. La Peste (417). *Belle.*

363. L'Académie de Bandinelli (418); IIe état, inconnu à Bartsch, c'est à dire avec l'inscription sur la table.

364. Bataille (420). *Très belle et d'une grande fraîcheur.*

365. La Chasse aux lions (422). *Belle.*

366. Les Squelettes (425). *Très belle et d'une grande fraîcheur.*

367. La Carcasse, ou le *Stregozzo* (426); Ier état, avant les lettres A. V. sur le cornet dont sonne un jeune homme. *Très belle.*

368. Le Berger et la Nymphe couchée (429). *Belle.* — La jeune Mère s'entretenant avec deux Hommes (432). *Belle.* — La Femme en méditation (443) (*).

369. Le Paysan et la Femme aux œufs (453). *Très belle,* signée : *P. Mariette,* 1671. — Le Guerrier (461). — La Femme portant un vase (470).

370. Homme tenant une Femme par les mains (471). — L'Homme qui se chausse (472).

371. Le Tireur d'épines (480). L'inscription est vers le haut, *à gauche,* et non *à droite,* comme l'a dit Bartsch. *Très belle.*

372. L'Homme au drapeau (481). *Belle. Le papier est roux.*

373. Le jeune Héros près de l'autel (483) ; Ier état. *Belle.*

374. Angélique et Médor (485). *Belle.*

375. Les Grimpeurs de *Marc-Antoine* (487). *Très belle et de la plus grande fraîcheur.*

(*) Nous croyons ce morceau gravé par Barthélemy Beham.

376. La Cassolette de *Marc-Antoine* (489). *Très belle et de la plus grande fraîcheur.*

377. Statue équestre de Marc-Aurèle (514). *Belle.*

378. La même Statue, par *Marc de Ravenne* (515). — Le Portrait de l'archevêque de Brindes (517).

379. Chapiteaux, bases de colonnes et entablemens des ordres dorique, ionique et corinthien, suite de 9 estampes (525-533); IIe suite, Ier état, c'est à dire avant l'adresse d'*Ant. Sal. De la plus belle condition.*

380. Aiguière et Vase antiques (548 et 550); Ier état. *Très belles, avec de la marge.* — Panneau d'ornemens (560). *Le papier est roux.* — Panneau d'ornemens (562). *Brillante.*

381. Six des vingt morceaux composant la suite des panneaux d'ornemens (568, 569, 578, 579, 581 et 583); Ier état. *Très belles épreuves.*

Copies par *Marc-Antoine*, d'après Albert Durer.

382. Adam et Ève chassés du Paradis (586). — La Flagellation (601). — Le Corps du Christ au pied de la croix (611). — Jésus radieux apparaissant à sa mère (614); Ier état, RARE, *avant les numéros. Épreuves brillantes.*

383. Le grand-prêtre n'admettant pas Joachim à l'autel (621). — Un Ange apparaissant à Joachim (622). — Saint Joachim embrassant sainte Anne (623). — La Présentation au Temple (631). — Jésus-Christ prenant congé de sa mère (636).

384. Jésus-Christ apparaissant à saint Grégoire (644); Ier état. *Épreuve brillante et d'une grande fraîcheur.*

Morceaux inconnus à Bartsch.

385. I. *La Prudence.* Représentée avec deux visages, elle est vêtue d'une ample draperie. Elle est debout à côté du globe sur lequel elle s'appuie du pied gauche, et soutient un livre sous son bras droit. Le fond est blanc, à l'exception de quelques travaux de terrasse. La composition paraît être de Raphael et la gravure de MARC-ANTOINE.

H. : 7 p. 1 l. ? L. : 3 p. 7 l. *Très belle.*

386. II. *Décoration d'autel.* Ornée au haut de deux rideaux que décorent des mascarons, cette décoration offre un tableau qui représente Notre-Seigneur apparaissant aux trois Maries.

Deux disciples marchent dans le fond à droite. Morceau sans marque, qui paraît être d'AUGUSTIN VENITIEN.

H. : 9. p. 11 l. ; L. : 6 p. 7 l. *Très belle.*

387. III. *Vue d'un Palais.* A gauche, un portique d'ordre corinthien ; à l'opposite, une galerie en arcade. Ces bâtimens sont liés au milieu par une porte triomphale au travers de laquelle on aperçoit une cour intérieure où l'on voit la façade d'une basilique avec coupole. Au milieu du haut on lit :

BRAMANTI. AR
CHITECTI..
OPVS.

Largeur : 13 p. 6 l. ? H. : 9 p. 3 l.

Épreuve ruinée, tachée et endommagée d'une planche très rare que feu *Ottley* a attribuée à MARC-ANTOINE.

MARCONI (ROCH).

388. La Vierge pleurant sur le Corps du Sauveur (1). *Belle.*

MARTINO. *Voyez :* SAN MARTINO.

MATÉI (F.) Artiste sur lequel on n'a pas de données ; florissait à Rome en 1651.

389. *L'arco di Tito con parte della Vigna De' Farnesi.* Vers le milieu du devant, un Homme debout semble en interroger un autre qui est assis de face. Dans la marge, le titre rapporté suivi de : *F. Matei. F. in. Roma* 1651. Morceau traité dans la manière d'un peintre. L. : 7 p. 1 l. ; H. 5 p., y comp. 4 l. de m.

MATTIOLI (LOUIS).

390. La Sainte Vierge, d'après Aug. Carrache (13). — Saint Jérôme (33). — Saint Pierre, d'après L. Carrache (39). — Quatre des sept grands Paysages en largeur (72, 75, 76 et 77). — Deux des trois décorations de théâtre (100 et 101).

391. Les estampes pour le poème intitulé : *Bertoldo con Bertoldino e Caccasenno, in ottava rima*, suite de 20 pièces (103 à 122). — Le Frontispice de ce poème (123).

Morceaux inconnus à Bartsch et cités par Gori.

392. I à XII. Les douze vignettes du poème, du marquis Philippe, chevalier Sampieri, intitulé : FASTI DI LODOVICO XIV, IL GRANDE, grand in-8°, Bologne 1701.

XIII. L'une des pièces gravées par l'artiste pour le duc de

Modène. Elle est signée de lui et porte ce titre : CARRO DEL TEMPO. Le fond est blanc, in-f°.

XIV à XXXIV. Les n°s 1 et de 5 à 24 d'un livre à dessiner, intitulé : *Primi Elementi della Pittura*, etc., 1728.

XXXV. Saint Jean-Baptiste assis dans un paysage et embrassant son agneau. Au bas : *L. Carac. I. Lud. Matthiolus f.* H. : 7 p. 8 l. ; L. : 5 p. 7 l. ; *épreuve tirée en rouge.*

Morceaux dont aucun auteur n'a parlé.

393. I *a*. Composition en demi-figures dans laquelle une femme, assise à gauche, en avant d'un homme couvert d'une armure, tient sur ses genoux un globe qu'une autre femme, debout à droite, couronnée de laurier, vient de lui offrir. Un petit Amour, portant un faisceau, l'accompagne, ainsi qu'un homme élevant, au dessus de sa tête, une corbeille de fruits. Dans la marge : *La famosa offerta di Titiano. In Casa del' Sig*r. *Co : Senatore. Orsi in Bologna. Lud*cus. *Matthiolus f.*

L. : 7 p. 7 l. ; H. : 6 p. 11 l., y comp. la marge qui porte 12 l.

II *a*. Paysage de forme ronde. Pays boisé, baigné au milieu du bas. On voit sur un chemin, dans le fond de la gauche, deux hommes qui se parlent. Dans les angles du bas on lit, à gauche : *Lud. Matthiolus Bonon. Incidit*, et à droite : *Ioseph Lunghus Bon. format*. Diamètre : 7 p.

III *a*. Paysage offrant, à gauche, une chaumière entourée d'un palis, au pied duquel est assis un homme qui parle à un autre homme debout. Dans l'angle bas de la gauche : *Matthiolus.* Ce paysage doit faire partie de la suite indiquée par Bartsch, n°s 72 à 78. L. : 10 p. 2 l. ; H. : 7 p. 5 l.

IV *a*. Décoration de Théâtre. Une Femme portant un thyrse, montée sur un char traîné par deux lions, se dirige à gauche. Une autre Femme debout, à gauche, tenant une torche, la regarde. La scène se passe sur le premier plan de cavernes immenses éclairées par des lustres. Au bas, à gauche : *D. Maur. In.*, et à droite : *Matthioli f.* L. : 13 p. 10 l. ; H. : 11 p. *Contre-épreuve.*

V *a*. Pièce emblématique, au haut de laquelle volent deux aigles en regard. Au bas de la droite, Vénus, assise au pied d'un rocher, orne sa tête d'un croissant et s'apprête à saisir de la main gauche une couronne de roses, étant à côté d'elle, non loin de deux tourterelles. Deux Amours sont au milieu du bas. Dans la marge, à gauche: *Ludouicus Matthiolus Jnv. f. Bonon.* H.: 7 p. 5 l.; L.: 5 p. 2 l.

VI *a* et VII *a*. Deux Vignettes pour un livre de piété: H.: 3 p. 7 l.; L.: 1 p. 11 l. Morceaux sans marque. Ire. Un solitaire embrasse l'arbre de la croix, à droite. Deux petits génies jouent à côté d'une sphère et d'une guitare, au fond du côté opposé. IIe. Un solitaire assis et méditant les mains jointes, sur le premier plan à gauche. Un incendie dévore une habitation au fond.

MAZZUOLI (François), dit le Parmesan.

394. Judith (1). *Belle*; épreuve signée: *Mariette*, 1733. — L'Annonciation (2). *Très belle.*

395. La Nativité (3). *Très belle*; épreuve signée: *P. Mariette*, 1675. — La Sainte Vierge (4). *Belle*; épreuve signée: *Mariette*, 1728.

396. La Sépulture de Jésus-Christ (5). *Très belle.*

397. La Résurrection (6); épreuve et contre-épreuve signées: *Mariette*, 1733. — Saint Pierre et saint Jean guérissant les malades à la porte du temple (7); IIe état.

398. Saint Jacques le Majeur (8). *Belle.* — Sainte Thaïs (10); IIe état. *Très belle*; épreuve signée : *P. Mariette*, 1672.

399. L'Amour dormant (11). Très rare. *Belle épreuve.*

400. Le Berger debout (12). *Belle*; épreuve signée: *P. Mariette*, 1675. — Le Jeune Homme et les deux Vieillards (13).

401. Les deux Amans (14). *Très belle épreuve d'une planche rare.*

402. L'astrologie (15). *Très belle.*

Appendice à ce maître ou pièces marquées des initiales F. P., qui se rapportent à son nom et à sa patrie. (V. Bartsch, t. XVI, p. 19).

403. Jésus-Christ et les Apôtres (1 à 13), suite de 13 estampes. *La première est double, l'une étant avant les initiales.* Très belles.

404. La Force (14); épreuve signée: *Mariette*, 1733. — Hercule (15). — Chiens poursuivant un Cerf (16). — La Vertu victorieuse du Vice (17). — Le Sacrifice (18). — Le Philosophe

(19); épreuve signée : *Mariette*, 1733. — La Femme à la sphère (20). *Belles.*

MELDOLA (André).

405. La Circoncision (13). Le chiffre de l'artiste se voit à la *droite* d'en haut, et non à l'opposite, comme l'a dit Bartsch. Très rare. L'abbé Zani a qualifié ce morceau d'*introuvable*.

406. La Religion chrétienne triomphant de l'hérésie (55). *Très belle.*

Morceau inconnu à Bartsch.

407. *Le Retour de l'Enfant prodigue.* Il est agenouillé, à gauche, aux pieds de son père qui, venu de la droite, se penche pour le presser sur son cœur. Une femme, vue par derrière, lui ajuste un vêtement sur les épaules. La scène se passe en avant d'une habitation, en dehors de laquelle on voit deux figures qui prennent part à l'évènement. Sur une marche, à gauche, le monogramme du maître. Morceau dans le goût du n° 13.

H. : 5 p. 4 l. ; L. : 3 p. 4 l.

MERCATI (Jean-Baptiste).

408. Le Baptême de Jésus-Christ (1). — La Décollation de saint Jean-Baptiste (2). — La Sainte Vierge, d'après le Corrége (3). — Sainte Bibiane (5). — Les quatre Qualités, savoir : la Modestie, le Sort, le Contentement amoureux, l'Espion (7 à 10).

409. Vues de Rome, suite de 52 estampes (12 à 63). *Superbe exemplaire relié en maroquin rouge doré sur tranche, aux armes du célèbre Jérôme Bignon, et qui a fait partie de la bibliothèque de M. de Vertamont de la Ville-aux-Clercs.*

410. Vues de Rome, suite de 52 estampes (12 à 63). *Superbe exemplaire relié en peau de truie, aux armes de Gaston de France, frère de Louis XIII ;* Ier état, inconnu à Bartsch. Sur le bas du piédestal servant de frontispice, on lit seulement : *Superior. Permissu.* Les vues ne portent ni chiffres ni inscriptions : le n° 8 (*Listesle*) est double ; le n° 11 (*Sotto san Pietro in Vincolo*) manque ; mais on y a joint une vue de la dimension des autres, portant les initiales du maître dans la marge, à droite ; marge dans laquelle on lit, à gauche : LISTESE.

411. Le Martyre de quatre Saints (pièce douteuse de Bartsch),

Plus, les bas-reliefs de quatre médaillons de l'arc de Constantin, suite de quatre pièces citées par *Gori* et que Bartsch n'a pas vues.

MINOZZI (BERNARD), peintre et graveur à la pointe, sur lequel on n'a pas de données.

412. Vue prise hors des murs de Rome. — Paysage ; deux épreuves, l'une *avant*, l'autre *avec* l'adresse de *Guidotti* de Bologne. *Trois pièces*.

MOLA (JEAN-BAPTISTE).

413. Judith (2).

MOLA (PIERRE-FRANÇOIS).

Joseph et ses frères (1). Deux épreuves, l'une du IIe état de Bartsch ; l'autre d'un IIIe, inconnu à ce chalcologue, retouché au burin dans toutes ses parties ; la marge a été enlevée, l'inscription qui s'y voyait a été tracée du même côté sur le pavé, et la planche a été rognée à droite.

Dimension de cet état : L. : 15 p. 8 l. ; H. : 13 p.

MOLINA, dessinateur et graveur espagnol, sur lequel on n'a pas de données.

414. Sainte Thérèse de Jésus, debout sur un nuage, inspirée par le Saint-Esprit, sous la forme d'une colombe. Elle tient, d'une main, sa plume et de l'autre un livre ouvert sur son genou. Deux anges sont assis sur les chapiteaux de deux colonnes étant aux deux côtés de l'estampe ; ils tiennent une banderole portant ces mots : SEÑOR Ô PADECER Ô MORIR. Au bas, dans un cartouche : EFIGIE DE, etc... *åno de* 1805. En 4 lignes et dans la marge, à droite : *Molina la delineo y Gravo*.

H. : 7 p. 9 l. ; L. : 5 p.

MONARI (JACQUES-ANTOINE), dessinateur et graveur à la pointe, sur lequel on n'a pas de données.

415. *Saint Dominique en extase*. Il est environné d'une légion céleste. Deux anges soulèvent un rideau, au haut à gauche. Dans la marge, une dédicace adressée à Steffano Lolli.

H. : 11 p. ; L. : 6 p. 10 l.

MONOGRAMMES.

MONOGRAMME *cité par Bartsch, t. XV, p.* 509.

416. Le dessin d'ornemens, décrit par cet auteur sous le n° 4.

MONOGRAMME *cité par Brulliot, t. Ier, n° 189.*

417. La sainte Famille décrite par cet auteur, Ier état, avant l'adresse. *Très belle.*

MONOGRAMME *cité par Brulliot, t. Ier,* n° 625.

418. La Bacchanale, décrite par cet auteur. *Très belle.*

MONOGRAMME *cité par Brulliot, t. Ier; n°* 1436.

419. La Charité, d'après Raphaël, décrite par cet auteur. *Très belle.*

MONOGRAMME *cité par Brulliot, t. Ier, n°* 1777.

420. Groupe de six hommes faisant des tours de force ; pièce dépendant de la première des deux suites indiquées par cet auteur.

MONOGRAMME *cité par Bartsch, t. XIII, p.* 354.

Morceaux non décrits.

421. I. Deux figures de mécanique. La droite de ce morceau offre une sphère à facettes et la gauche un autre instrument à coupole garni au bas de volets ouverts ressemblant à des augets. Les lettres PP, liées à leurs jambages par une espèce de nœud, se voient au milieu du bas. L. : 12 p. 3 l. ; H. : 6 p. 3 l.?

422. II. Le Sphéroïde. Une boule creuse, sur laquelle sont tracées des lignes transversales et longitudinales, occupe le centre de la planche. Elle est percée de treize trous dont douze sont garnis de leurs segmens entr'ouverts. Un dessin au trait d'une autre figure se voit à la gauche du bas. Le monogramme est au milieu du bas. H. : 8 p. 10 l. ; L. : 7 p. 11 l.

MONOGRAMME *cité par Bartsch, t. XV, p.* 496, *et paraissant se rapporter à un prétendu Perjeconter, selon de Marolles, p.* 137 *de son Catalogue de* 1666.

Morceaux non catalogués par Bartsch.

Ils représentent des parties d'achitecture de l'ordre corinthien, avec proportions.

Pièce datée de 1535.

423. I. Chapiteau des Thermes d'Antonin. H. : 8 p. 4 l.; L. : 5 p. 4 l.

Pièces datées de 1537.

II. Chapiteau tiré du Colisée. L. : 6 p. 9 l. ; H. : 4 p. 8 l.

III. Base tirée d'une colonne du palais Baldassini. L. : 6 p.? H. : 4 p.?

IV. Entablemens tirés des Thermes. H. 5 p. 10 l.? L. : 4 p. 5 l.?

V. Entablemens tirés de l'église de Sainte-Agnès. H. : 5 p. 5 l.? L. : 4 p. 5 l.?

VI. Entablement tiré du Capitole. H. : 6 p. 6 l.; L. : 4 p. 9 l.

VII. Entablement tiré du temple d'Antonin et de Faustine. H. : 7 p. 5 l.? L. : 5 p. 2 l.?

VIII. Entablement et frises tirés du même temple. H. : 7 p. 9 l.; L. : 5 p. 4 l.

IX. Entablemens tirés des églises de Sainte-Potentiane et de la Minerve. H. : 7 p. 11 l.; L. : 5 p.

X. Entablemens tirés de monumens antiques de Rome. H. : 7 p. 6 l.; L. : 5 p. 4 l.

XI. Entablemens tirés de l'église de Sainte-Bibiane. H. : 7 p. 11 l.; L. : 5 p.

XII. Entablemens tirés du Capitole. H. : 8 p.; L. : 5 p. 11 l.

MONOGRAMME *aux lettres* GPP. *Voyez Bartsch, t. XIX, p.* 183.

Morceaux catalogués par cet auteur.

424. Saint Michel (2). — Hercule et Anthée (3). La mort du centaure Nessus (4). — Apollon et Marsyas (5). — Mars enlevant Vénus (7). *Très belles.*

Morceau inconnu à Bartsch.

425. Le *Quos ego*, pièce signée de *George Peham* que certains auteurs confondent avec le maître qui s'est servi du monogramme GPP. et à l'avis duquel nous ne saurions nous ranger.

MONOGRAMME *non cité, semblable à celui employé ordinairement par George Pencz, mais retourné et portant au dessous le millésime* 1636. *Il nous paraît appartenir à un maître espagnol.*

426. Sainte Femme en prière, vue à mi-corps et presque de face, tournant la tête à gauche où se voit un chérubin soutenant un calice au dessus duquel brille la sainte hostie. La marque est au bas, à gauche. H. : 3 p. 8 l.; L. 2 p. 11 l. Morceau d'un dessin savant.

MONOGRAMME *cité par Brulliot, t.* Ier, *n°* 2903.

427. Deux soldats, l'un assis, l'autre debout près d'un autel de sacrifice. Le monogramme suivi du mot : *incidit* se voit au bas, vers la droite. H. : 3 p. 7 l.; L. : 2 p. 10 l.

Monogramme *non cité, formé des lettre* AVD.

428. Le Martyre de saint Laurent. H. 6 p. 1 l.; L. 4 p. 8 l.

Monogramme *aux initiales* IBC *sur une tablette, cité par Brulliot, t. II, n°* 1340.

429. L'Enfant et le Scorpion, décrit par ce chalcologue. *Très belle.*

Monogramme *cité par Bartsch, t.* XVI, *p.* 370.

430. Apelles peignant Campaspe, morceau décrit par cet auteur sous le n° 2 de l'œuvre du maître. *Très belle* (*).

Monogramme *cité par Brulliot, t.* II, n° 2787.

431. Les Sciences éclairant l'esprit de l'homme; morceau décrit par cet auteur. *Très belle*; épreuve signée : *P. Mariette*, 1668.

Monogramme *non cité, formé des lettres* GAB *surmontées d'un* P *et accompagné des lettres* GB. F, *qui, selon quelques uns, signifient Boschini.*

432. Médaillon environné de trois chérubins, offrant l'image, à mi-corps, de saint Dominique, dirigé à gauche. Il est posé sur un globe que la Foi, assise à gauche, inonde du lait de sa mamelle. Un chien, tenant une torche enflammée dans sa gueule, se voit à droite. Dans la marge, au milieu : S. P. N. DOMINICE. O. P. N.; à gauche, le monogramme, et à droite, les initiales.

H. : 9 p. 2 l.; L. : 6 p. 2 l.

Monogramme *à la lettre* M *sur une tablette*. V. Bartsch, t. XV, p. 541.

433. La Mort surprenant une Femme, morceau décrit par cet auteur comme pièce unique du maître.

Monogramme *non cité, aux initiales* I C.

434. Chapiteau d'ordre corinthien. Les initiales, couvertes de travaux, sont sur sa base fragmentée. Au bas, à droite, en dehors des travaux : *Ant. Sal. exc. Belle pièce*, traitée dans le goût de *Léonard Thiry*.

(*) Le sujet de cette estampe a été récemment peint, par M. *Abel de Pujol*, dans l'un des compartimens de l'escalier de Fontainebleau, cour ovale, qui anciennement formait la chambre d'Alexandre. Le tableau primitif, d'après lequel l'estampe avait été gravée, était entièrement ruiné.

MONOGRAMME *non cité, composé des initiales* G : B : G : *f que quelques uns attribuent à Jean-Baptiste Galli.*

435. Le Christ dans le sépulcre. Dans la marge, au milieu : *ET ERIT SEPVLCHRVM EIVS GLORIOSVM ;* à droite, les initiales, et à gauche, l'adresse de *Guidotti.*

L. : 12 p. 6 l. ; H. : 7 p. 9 l., y comp. 3 l. de marge.

MONOGRAMME *aux lettres* HE, *cité par Bartsch,* t. XV, p. 461.

436. Les Vendangeurs, d'après *Beccafumi* (5). *Très belle.*

Morceau inconnu à Bartsch.

437. I. *Le Sabbat.* Sur une tour, au fond de la gauche, une sorcière semble interroger le corps d'un bouc que les flammes y consument. Au bas sont assis deux hommes et une femme en proie aux sortiléges. Morceau sans marque.

L. : 12 p. ; H. : 8 p. 10 l.

MONTAGNA (BENOIT).

438. Apollon et Midas (22). *Très belle.*

MORALÈS (LOUISE), *artiste espagnole, sur laquelle on n'a pas de données ; on sait seulement qu'elle florissait en* 1671.

439. Quatre compositions emblématiques sur la même planche, numérotées 13, 14, 15 et 16, et faites probablement pour décorer un livre. Sur celle n° 16 on lit, à gauche : *D^a. Luisa Morales F* 1671 (le 7 à rebours).

H. : 8 p. 5 l. ; L. : 5 p. 8 l.

MORO (TORBIDO DEL). *Voyez :* ANGELI (JEAN-BAPTISTE et MARC).

MUCCI (JEAN-FRANÇOIS), peintre et graveur, neveu et élève du célèbre Guerchin.

440. Saint Jérôme, d'après Simon Cantarini, morceau indiqué par Brulliot, t. II, n° 1000.

NADAT. Voyez au mot : RATIÈRE (le Maître à la).

NICOLETO DE MODÈNE. *Voyez :* ROSA ou ROSEX.

NIELLES.

441. Sacrifice au dieu Mars. *Très belle.* Cette pièce a été décrite par Bartsch, t. XIII, § VI, n° 69 ; et dans l'*Essai sur les nielles*, de M. Duchesne, p. 148, n° 45.

Morceaux non décrits.

442. I. Buste lauré d'Auguste, vu de profil à gauche. Le

fond est ombré de tailles fines, en partie croisées, à l'exception du côté gauche. Pièce ronde. Diamètre : 14 l.

II. Buste de Livie, vu de profil à droite ; traité comme le précédent et de la même forme. Même dimension.

ODDI (MAUR).

443. L'Enlèvement d'Europe, d'après Augustin Carrache (2).

ONOFRI (CRESCENT).

444. Trois Paysages gravés par ce maître (nos 5, 9 et 10 de Bartsch).

OTTOLINI (AB.-GIR.), *artiste sur lequel on n'a pas de données.*

445. *Saint Jérôme.* En demi-figure et dirigé à gauche, où ses mains jointes sont appuyées, il semble prêter l'oreille au son d'une trompette qui se voit au haut de la droite. Dans la marge, au milieu : S. HIERONYMUS ; et à gauche : *Ab. Gir. Ottolini f.*

H. : 7 p. 3 l., y compris 6 l. de marge ; L. : 4 p. 9 l.

PALMA (JACQUES), dit LE JEUNE.

446. Sept têtes d'Hommes et deux d'Enfans (3). — Trois têtes de Vieillards et six de Femmes (4). — Dix-huit mains (5). — Seize pieds (6). — Onze bras (7). — Onze jambes d'Hommes (9). — Douze jambes d'Hommes (10). — Douze Enfans nus (14). — Feuille d'études (15). — Saint Jérôme et le pape Damase (16). — La Renommée (18). — Saint Jean-Baptiste (19). — La Femme adultère (20). — La sainte Famille et deux saints (21). — Le vide Thomas (22). — La Déesse tutélaire de la ville de Rome (23), avant les mots : *Libro secondo.* — Le même sujet traité différemment (24). — Judith (25). — Dalila (26). — Le chaste Joseph (27).

Plus, deux pièces dans le goût du maître. Ensemble vingt-deux estampes.

PARIGI (ALPHONSE).

447. Flore, ou la Naissance des fleurs, opéra représenté à Florence, en 1628, à l'occasion des noces du duc de Parme avec Marguerite de Toscane ; suite de six pièces (7-12).

PARMESAN (LE). *Voyez* : MAZZUOLI.

PAROLINI ou PAROLINUS (...), *artiste sur lequel on n'a pas de données.*

448. La Vierge, dirigée à gauche, tient l'Enfant Jésus couché

devant elle et qu'elle regarde avec amour. Composition dans un ovale. Dans les angles du bas : *Parolinus in : et fece.*

H. : 3 p. ; L. : 2 p. 4 l.

PASSARI (Bernardin).

449. La Visitation de la sainte Vierge (6). — La sainte Famille au cerisier (71).

PASSAROTI (Barthélemy).

450. La Visitation (2). *Rare.*

PASQUALINI (Jean-Baptiste), *peintre et graveur à l'eau-forte, né à Cento, près Bologne, vers* 1600.

451. Dix pièces, sujets pieux, d'après *Barbieri*, *dit le Guerchin.*

PÉSARÈSE (LE). *Voyez* : CANTARINI.

PICCIONI (Mathieu).

452. Le petit Moïse (1); Ier état, inconnu à Bartsch, *avant l'adresse de Rossi.* Cette épreuve provient de la collection de *John Barnard ;* IIe état, *avec cette adresse.* — L'Adoration des Bergers (2). *Très belle.* — Bas-reliefs de l'arc de Constantin (3, 4 et 8).

PISTOCCHI (Louis), *artiste sur lequel on n'a pas de données.*

453. Sainte Famille, d'après Annibal Carrache.

H. : 3 p. 4 l. ; L. : 2 p. 6 l.

PODESTA (Jean-André).

454. Bacchanale (2). — Autre (3). — Autre (4). — Sujet allégorique (5). — Bacchus à son retour de la conquête des Indes (6). — Bacchanale, d'après le Titien (7). — Amours rassemblés dans une campagne (8).

Plus, le sujet du nº 7 gravé plus en grand par un anonyme.

L. : 20 p. 11 l. ; H. : 15 p. 3 l.

PRIMATICCIO (François), dit le Primatice ou Saint-Martin de Bologne.

455. David jouant de la harpe, gravé par *Van Thulden*, d'après un tableau de notre maître, nommé seulement *Boullongne* dans cette gravure. Pièce datée de 1633.

Les travaux d'Ulysse, suite de cinquante-huit estampes gravées par le même artiste, d'après les tableaux peints par *Nicolo del Abate* sur les dessins de notre maître, dans la galerie d'Ulysse, maintenant détruite, du château de Fontainebleau. Plus, le frontispice de cette suite portant la date de 1632 et l'épître dédicatoire.

PROCACCINO (CAMILLE).

456. Repos en Égypte (1) ; Ier état, *avant l'adresse.* — Autre repos en Égypte (2). — Autre repos en Égypte (3). — La Transfiguration (4); Ier état. *Rare.*

RAIMONDI. *Voyez* : MARC-ANTOINE.

RATIÈRE (le Maître à la).

457. La Vierge et sainte Anne (1). *Très belle.*

458. Les deux Armées (2), *avec des restaurations.*

RAVENNE (SILVESTRE ou mieux MARC DE). *Voyez* : MARC-ANTOINE.

RÈ (MARC-ANTOINE DEL), *artiste sur lequel on n'a pas de données.*

459. La chute d'Icare, d'après Aurélien Milano, de Bologne.

RÉNI (GUI ou GUIDO), dit LE GUIDE.

460. Portrait de l'artiste, gravé par Cipriani. — La Vierge avec l'Enfant Jésus (1); Ier état, inconnu à Bartsch; il est avant l'adresse de *Van Aelst. L'épreuve a souffert.* — La Vierge avec l'Enfant Jésus (2). *Épreuve de la plus grande fraîcheur, avec 3 l. de marge.* — La Vierge avec l'Enfant Jésus (3); Ier état, inconnu à Bartsch ; *il est à l'eau-forte pure et avant la lettre.* Les angles sont chargés de taches occasionnées par l'eau-forte qui a soulevé le vernis.

461. La Vierge avec l'Enfant Jésus (1); IIIe état (celui de Bartsch n'étant que le IIe) : l'adresse de *Van Aelst* a été enlevée ; avec de l'attention, on en reconnaît des traces. Au bas de la marge, à droite, sont les initiales G. R. F. — La Vierge avec l'Enfant Jésus (3); IIe état, avec la lettre et tel que l'a décrit Bartsch qui n'a connu que cet état. — La Vierge avec l'Enfant Jésus (4); *l'original et la copie.*

462. La Vierge avec l'Enfant Jésus (1); IVe état; à la place où fut l'adresse de *Van Aelst* on lit : *Vincenzo Cenci Romæ For.* Les initiales rapportées, G. R. F., sont à la suite. — La Vierge, l'Enfant Jésus et saint Jean-Baptiste (6). — La Vierge, l'Enfant Jésus et saint Jean-Baptiste (7). — Sainte Famille (8); *l'original*

et la copie. — Sainte Famille, *première planche* (9); Ier état, *avant les noms du maître.*

463. Sainte Famille, *première planche* (9); IIe état, *avec les noms du maître.* — Sainte Famille, *seconde planche* (10). — L'Enfant Jésus et saint Jean-Baptiste (12). — L'Enfant Jésus et saint Jean-Baptiste (13). Cette pièce porte toujours l'adresse de *Van Aelst* ainsi exprimée sur l'eau, à gauche, en très petits caractères: *n. ua. aelst for*; adresse dont Bartsch n'a pas parlé.

464. Saint Christophe (14). — Saint Jérôme (15). — L'Amour de l'étude (16); épreuve signée: *Mariette*, 1679. — Trois Enfans avec une soucoupe (18); IIe état; *épreuve avec 8 l. de marge.*

465. Appareil pour l'entrée du pape Clément VIII à Bologne (24 à 32); seulement les nos 1, 2, 4, 5, 7, 8 et 9 de cette suite qui est composée de neuf pièces, laquelle est très rare.

466. Une Gloire d'Anges, d'après Cangiage (45); l'un des chefs-d'œuvre du Guide. *Très belle épreuve, avec 4 l. de marge.*

467. Jésus-Christ mis au tombeau, d'après le Parmesan (46); *l'original et la copie.* — La Fille portant le coussin, d'après le même (48); Ier état, *avant la lettre.* — La Fille portant un crucifix, d'après le même (49); Ier état, *avant la lettre.*

468. La sainte Famille et sainte Claire, d'après Annibal Carrache (50); Ier état. — La Vierge et l'Enfant Jésus, d'après le même (51). — Jésus-Christ et la Samaritaine, d'après le même (52); Ier état, *extrêmement rare*, avec le millésime 1595 tracé au milieu du bas.

469. La sainte Famille et sainte Claire, d'après Annibal Carrache (50); IIIe état. — Saint Roch distribuant son bien aux pauvres, d'après le même (53); IIe état. — Trois des sept estampes pour les funérailles d'Augustin Carrache (54, 55 et 56). *Très rares.*

470. Il fvnerale d'Agostino Carraccio, etc., in-8° de 52 pages. *In Bologna, Apresso Vittorio Benacci*, 1603. *Très bel exemplaire* cartonné et seulement ébarbé, contenant toutes les vignettes gravées pour sa décoration, dont les nos 54-60 de l'œuvre du Guide font partie. *Livre très rare.*

Estampes gravées par des anonymes *de l'École du Guide.*

471. Judith (1). — Saint Jean l'Évangéliste (13). — Saint Simon (14). — Autre Apôtre (18). — Autre (22). — Autre (23).

— Saint Michel (29). — Sibylle (31). — Vénus sortant de la mer (33); morceau qui pourrait bien être de *Scarsello*. Plus, six autres sujets d'après le même : l'un est gravé par *Audenaerd*, un autre par *Costantino* et les autres par des anonymes.

REVERDINO OU REVERDINUS (*Gaspar*).

472. Dieu instituant saint Pierre chef de l'Église (5). *Très belle, d'une fraîcheur virginale.* — Le Jugement universel (15).

473. Tarquin et Lucrèce (17). *Pièce libre.* — Léda (22) ; *idem.*

474. Les sept Vertus, suite de sept estampes (25-31), *d'une fraîcheur virginale.*

475. Les Enfans dansant au son du tambour (36) ; *de la plus grande fraîcheur.* — Dix Enfans dansant au son de la cornemuse (37) ; *idem.* — Mars (n° 5 des pièces douteuses).

Morceaux inconnus à Bartsch.

476. I. Le Jugement de Salomon. Le roi est sur son trône, à droite ; les deux mères sont au milieu et le bourreau du côté opposé. Sur une espèce de cartouche, au bas, à droite, le monogramme du maître. L. : 4 p. 8 l. ; H. : 3 p. 2 l. (Morceau cité par *Heinecken*.)

477. II. L'Ange dans la prison de saint Pierre. L'apôtre est vu assis, enchaîné à gauche, au travers des barreaux de sa prison, et deux gardes le veillent, aux deux côtés de la composition. Un ange resplendissant le touche et lui indique la sortie. Morceau sans marque et cintré du haut. Dans les deux angles blancs, au haut, on lit : PETRVS APOSTOLVS AB HERODE, etc. — H. : 7 p. 11 l. ; L. : 5 p. 7 l. *Très belle épreuve et d'une fraîcheur virginale.*

478. III. Composition dans le goût du Parmesan, représentant Camille rompant le marché fait avec les Gaulois. Il est debout, à droite, et Brennus est sur son trône, du côté opposé. On lit, au bas : CAMILLI IN GALLOS GLORIOSVM STRATAGEMA. Pièce octogone, sans nom ni marque. — H. : 8 p. ; L. : 8 p. *Très belle épreuve, d'une fraîcheur virginale.*

RIBERA (JOSEPH), dit l'ESPAGNOLET.

479. Le Corps mort de Jésus-Christ (1). — Saint Jérôme lisant (3). — Saint Jérôme (4). — Saint Jérôme (5). *Très belles.*

480. Saint Barthélemy (6). — Saint Pierre (7). Tête d'homme (8). — Tête d'homme à poireaux (9).

481. Le Poète (10). — Le Centaure et le Triton (11). — Le

Satyre fouetté (12). — Silène (13); Ier état. *Rare. Très belle épreuve signée : P. Mariette, 1670.*

482. Silène (13); IIe état; plus, une contre-épreuve du Ier état. — Don Juan d'Autriche (14); Ier état.

483. Étude d'une bouche ouverte (16).

Morceau non connu de Bartsch.

Buste de saint Dominique. Le saint est vu de profil, à droite, montrant, de l'index de la main gauche, le monogramme de Jésus-Christ, qui brille à droite, à mi-hauteur de l'estampe. Le fond est blanc. Morceau sans nom ni marque.

H. : 3 p. 2 l. ? L. : 2 p. 8 l.

RICCI (Marc).

484. Vue d'un village au bord de la rivière (1).—Le Paysage à l'étable (2). — Le Paysan et l'Ane sur le pont de bois (4). — Le Chariot au tonneau (5). — L'Homme à l'oiseau (6). — Les Ruines au Sphinx (9).

485. Les Ruines au grand vase chargé de trois hommes (10). — Les Ruines aux deux femmes près de la fontaine (12). — Le Village à l'homme monté sur un cheval de somme (13). — Le Paysage au serpent (16). — Le Paysage aux deux ermites, l'un agenouillé, l'autre debout (17). — Le Paysage aux deux ermites agenouillés (18).

ROBERTI ou ROBERTUS (César), dit de *Civitella*, peintre et graveur, né à Biturgia, en Toscane, vers 1590.

486. Sainte Famille et le petit saint Jean, d'après le Pésarèse. Au bas, à droite : SC : PIXE CRF. Deux épreuves : l'une à l'eau-forte pure, l'autre retouchée au burin dans toutes ses parties. — Jésus-Christ envoyant les ouvriers à la vigne, d'après *André del Sarte.* (Ces deux compositions sont citées par *Malpé.*)

ROBETTA (...).

487. — La Vieille et les deux couples d'amoureux (24). — L'Homme attaché à un arbre par l'Amour (25). *Belles.*

RODRIGUEZ DE MIRANDA (Pierre), *peintre et graveur à l'eau-forte, né à Madrid, où il est mort âgé de soixante-dix ans, en 1766.*

488. Deux Pélerins, debout, au bas de la droite, se dirigent du côté opposé, où se voit, sur une colline baignée par une rivière, une cellule précédée d'une croix. Dans la marge, à gauche : P^o *Rodriguez fecit;* et à droite : P^o *de Canpolargo ex.*

L. : 5 p. 3 l.; H. : 3 p. 6 l., non compris la marge.

489. ROME. Recueil des fontaines de Rome, gravées par Maggi, Corduba, Dominique Barrière, Parasacchi et autres. Soixante-dix-neuf pièces en un vol. in-4° cartonné.

ROSA ou ROSEX (Nicolas), dit Nicoletto de Modène.

490. Le Jugement universel (23). *Très belle et très rare.*

491. Panneau d'ornemens (56). *Belle.*

H. 9 p. 9 l.; L. 4 p. 9 l.

ROSA (Salvator).

492. Portrait de l'artiste. — Saint Guillaume, ermite (1). — Albert, compagnon de saint Guillaume, ermite (2). — Platon et ses disciples (3). — Alexandre dans l'atelier d'Apelles (4). — Diogène et son écuelle (5). — Diogène et Alexandre (6). — Démocrite (7). — OEdipe (8). — Régulus (9). — Polycrate (10).

493. Combat de Tritons (11). — Autre (12). — Autre (13). — Pan et deux Faunes (14). — Cinq Fleuves (15). — Cinq autres Fleuves (16). — Apollon et la sibylle Cuméenne (17). — Jason (18). — Cérès et Phytalus (19). — Glaucus et Scylla (20). — La chute des Géans (21). — Le Berger (22). — Le Héros endormi près du fleuve (23). — Le Génie de Salvator Rosa (24).

494. Diverses figures, suite de soixante-deux pièces (25-86). *Manquent les nos 62 et 71.*

ROSATTI (Ferrantès).

495. David (1). *Avec l'adresse de Billy.* — Sainte Famille (5). *Très belles.*

ROSSI (Guillaume), dit *le Vieux.*

496. Saint Jean-Baptiste (3). — Les deux Enfans, d'après le Guerchin (4).

ROTA (Martin).

La Madeleine en pénitence (22); Ier état, c'est à dire avant que les mots *Lucæ Guarinony formis* aient été effacés.

ROTARI (Pierre, comte de), *peintre et graveur à la pointe, né à Vérone, en 1707, mort à Saint-Pétersbourg, en 1764.*

497. Sept pièces, sujets pieux et têtes d'étude, d'après Balestra et autres maîtres.

SALAMANCA (Antoine), en français, SALAMANQUE; *il était graveur et célèbre marchand d'estampes, à Rome, et naquit en 1510.*

498. Portraits en buste de femmes célèbres dans des bordures rondes et ovales, dont les angles sont teintés horizontalement. Sur la plate-bande des bordures sont les noms que nous rapporterons. Chaque pièce est numérotée au bas, à droite. Notre nº III porte aussi un nº 5 au bas, à gauche.

H. : 5 p. 6 l. à 6 p. 4 l. ; L. : 4 p. 6 l. à 5 p. 8 l. *Très belles épreuves.*

I (1). OLYNPIAS, ALEXANDRI . MATER. Au milieu du bas : *Ant. Sal* exc. ; et dans la marge, à gauche : A. S.

— II (2). SEMIRAMIS . BABYLONIA. —

— III (3). AMALASSVNTHA . GOTHA. Dans la marge : A. S.

— IV (4). ARTEMISIA MAVSOLI VXOR. *Ibidem.*

— V (5). HYPSICRATIA . MITHRIDATIS. *Ibidem.*

— VI (6). TEVCA . ILLYRICA. Au milieu du bas : A. S.

— VII (7). VALASCA . BOHEMA. Dans la marge : A. S.

— VIII (8). ZENOBIA . ORIENTIS . DOMINA. *Ibidem.*

— IX (9). CAMILLA . ROMANA. *Ibidem.*

— X (10). TOMYRIS SCYTHARVM REGINA.

— XI (11). FVLVIA M. ANTONII VXOR.

XII (12). ORITYA . AMAZON.

XIII (13). THALESTRIS . AMAZON. Dans la marge : A. S.

XIV (14). PENTHESILEA . AMAZON. *Ibidem.*

XV (15). NIOBE . AMPHIONIS. *Ibidem.*

XVI (16). ANDROMEDA . PERSEI. Dans la marge : IN ROMA IN CASA DE SANTA ANT. S. S.

XVII (17). ANDROMA CHE . HECTORIS. Dans la marge : IN ROMA IN CASA . DLE. CAR. DE LAVALLE ANT. S. S.

XVIII (18). STRATONICE. MITHRIDATIS. Dans la marge : IN ROMA IN CASA DEL CAR. DE LA VALLE. ANT. S. S.

XIX (19). HIPPOLITA TESEI. *Ibidem.*

XX (20). SOPHONISBA SYPHACIS. *Ibidem.*

XXI (21). BERONICE. PTOLEMAE. *Ibidem.*

XXII (22). EVRYDICE. ORPHEI. *Ibidem.*

XXIII (23). TANAQVIL. TARQVINII.

XXIV (24). CORNELIA. GRACCHI. Dans la marge, l'inscription du nº 18.

XXV (25). CLAVDIA. METELLI. *Idem.*

XXVI (26). VETVRIA CORROLIANI. MATER. Dans la marge : A. S.

XXVII (27). TVLLIOLA. M. TVLLII. F. Dans la marge, l'inscription du n° 18.

XXVIII (28). VERGINIA. T. VIRGINII. F. *Idem.*

XXIX (29). PORTIA. BRVTI. VXOR. *Idem.*

XXX (30) Mascaron de Faune dont les oreilles sont décorées de deux grappes de raisin. H. : 6 p. 1 l.; L. : 4 p. 3 l.

499. Bustes des empereurs romains, Auguste, Tibère, Claude, Néron, Galba, Othon, Vespasien et Domitien, paraissant faire partie de deux suites. Les noms sont écrits dans la marge.

500. Bustes des douze premiers empereurs romains qui ont régné depuis J.-C. en négligeant Julien, savoir: Nerva, Trajan, Adrien, Antonin, Marc-Aurèle, Lucius Vérus, Commode, Pertinax, Septime Sévère, Caracalla, Héliogabale et Alexandre Sevère. H. : 8 p. 2 l.; L. : 6 p.

501. Bustes de personnages célèbres, savoir : Caton, Cicéron, l'Arioste, Sannazar, Pétrarque et Laure. Les deux premiers ont été gravés chacun sur une planche; mais Arioste et Sannazar l'ont été sur une seule, de même que Pétrarque et Laure. Les noms sont inscrits dans la marge. L'adresse de notre artiste se voit sur les 1er, 2e, 4e et 5e.

H. : 8 p. 2 à 4 l.; L. : 5 p. 8 à 10 l.

Épreuves d'une fraîcheur virginale, avec marges.

SALIMBÉNI (BONAVENTURE), dit *Bevilacqua.*

502. Sainte Anne et saint Joachim (1); *copie.* — Saint Joseph épousant la Sainte Vierge (2). — La destination de la Sainte Vierge (3), épreuve signée : *P. Mariette*, 1668. — L'Annonciation (4); Ier état. — Le baptême de Jésus-Christ (5); *pièce capitale du maître.* — La Vierge avec l'Enfant Jésus, d'après le Guide (6). — Sainte Agnès (7).

SAN MARTINO (MARC).

503. Le Déluge (2). — Le petit Moïse (5). — Le groupe de Vieillards (33).

SANNUTI (JULES).

504. Bacchanale (5); *pièce libre.* Épreuve de la plus grande fraîcheur, d'un état inconnu à Bartsch, c'est à dire *avant le nom et avant que certaines nudités aient été couvertes de travaux.*

L. : 20 p. 4 l.; H. : 16 p. 2 l.

10

SANTIS (HORACE DE).

505. Descente de Croix (8); IIe état.

SCARSELLO (JÉRÔME).

506. Saturne (2). — Bacchanale d'Enfans (3). — L'Amour debout sur un dauphin (4). — Trois Amours (5). — La Fortune (6).

SCHIAVONE (ANDRÉ).

507. Judith et sa Servante (20). — Les Offrandes à un roi (29). *Très belles.*

SCHIDONE (BARTHÉLEMY).

508. Sainte Famille (1); Ier état, c'est à dire avant l'adresse de *Rossi.*

SCIAMINOSSI (RAPHAEL).

509. La Femme de Putiphar accusant Joseph (2). — Frontispice de la suite des prophètes (3), signé : *P. Mariette*, 1690. — Sainte Famille (31); Ier état. — Jésus-Christ tenté par le démon (32). — Sainte Anne et Saint Joachim (53). — Saint Diacre (56). — La Lapidation de saint Étienne (57). — Les sujets décrits par Bartsch sous les nos 58-84 et sous le no 87 gravés sur la même planche, *qu'il n'a pas connue dans son intégrité.* Elle porte un écusson au haut et une grande tablette au bas. Dans cette tablette, seize vers latins en deux colonnes commençant par *Feruidus, insuetum* FRANCISCVS, etc. ; et aux deux côtés sont, à gauche, trois martyrs en croix, savoir : B. MARTINVS, B. PETRVS, B. FRANCISCVS ; et à droite, trois martyrs pareillement crucifiés, savoir B. FRANCISCVS ALTER, B. GVNDISALVVS, B. PHILIPPVS. Entre ces noms, écrits dans la marge, on lit : *Matteus florimus formis.* Le no 57 occupe le centre de la composition. H. : 18 p. 3 l.; L. : 13 p. 6 l. — Saint François d'Assise (86). — Sainte Madeleine (91). — Le frère Philippe de Ravenne (93). — Les quatre Saints (94). — La Vierge, saint Vincent et sainte Catherine (97). — Le Mérite (122). — L'impétuosité de l'Ame (124). — La Raison (125). — La Gaîté (126).

SÉBASTIEN D'VL ou d'VAL VT. *Voy. Bartsch*, t. XVI, p. 240.

510. Repos en Égypte (1) ; TRÈS RARE. Épreuve signée : *P. Mariette*, 1677.

SILVESTRE DE RAVENNE. *Voyez* Marc-Antoine.

SIRANI (Élizabeth).

511. Sainte Famille (3). — Repos en Égypte (5). — La Vierge avec l'Enfant Jésus et saint Jean-Baptiste (6). — Sainte Famille (8); IIe état. — Saint Eustache (10); Ier état; *l'original et la copie.*

SIRANI (Jean-André).

512. Apollon et Marsyas (2).

STEFANONI (Jacques-Antoine), dessinateur et graveur à l'eau-forte, né à Vicence vers 1620.

513. La Vierge accompagnée de l'ange, d'après Annibal Carrache. — La Vierge avec l'Enfant Jésus, le petit saint Jean et deux anges, sujet connu sous le nom de la Vierge à l'hirondelle, d'après L. Carrache.

STEFANONI (Pierre), père du précédent, né à Vicence, vers la fin du XVIe siècle.

514. Bande de Gueux, ou mieux le Marchand ruiné, d'après Annibal Carrache, morceau gravé dans le goût d'Augustin Carrache.

STRADA (Vespasien).

515. L'Annonciation (1). — Le petit *Ecce Homo* (2); *copie en contre-partie.* — Le grand *Ecce Homo* (3). — Le Christ mort (4). — La Sainte Vierge (5). — La Sainte Vierge (6). — La Sainte Vierge (7). — La Sainte Vierge (8). — La Sainte Vierge (9).

516. Sainte Famille (13). — La Sainte Vierge accompagnée de saints (14). — La Sainte Vierge et saint Jean (15); *deux différentes copies en contre-partie.* — Le Mariage de sainte Catherine (16). — La Sainte Vierge et sainte Catherine (17); Ier état.

Plus, une Annonciation, une sainte Famille aux Anges et un Couronnement d'épines dans le goût du maître.

TESTA (Pierre).

517. Le Portrait de l'Artiste; signé : *P. Mariette*, 1659. — L'Adoration des Mages (3). — La Vierge à genoux près de l'Enfant Jésus, qui embrasse la croix (4). — Sainte Famille (9); IIe état, inconnu à Bartsch, c'est à dire avec l'adresse de *Mauperché*. — La sainte Famille, en largeur (10). *Rare.* Pièce traitée dans le goût de *Rodermont*. — La sainte Famille, en hauteur

(11). *Rare.* — Saint Roch et saint Nicolas invoquant la Vierge pour la cessation de la peste (13) ; *l'original et la copie*, signés : *P. Mariette*, 1650 et 1679.

518. Le martyre de saint Érasme (14). — Saint Sébastien (17). — Vénus dans un jardin (26) ; IIIe état, *inconnu à Bartsch*, c'est à dire avec l'adresse de Calixte *Ferranti*, dans la marge à gauche. — La Peinture au milieu des plus habiles maîtres de l'art (29). — La Foi, l'Espérance et la Charité accompagnant sur un nuage un griffon qui vole vers un piédestal (30). — Jeune homme arrivant au Parnasse (33) ; Ier état. — Le Triomphe de la Peinture (35), avec l'adresse de *Rossi*.

THIRY (Léonard) (*), nommé longtemps Léon **DAVEN** (**).

519. La sainte Vierge, d'après le Parmesan (1). — Alexandre domptant Bucéphale, d'après un tableau du Primatice, qui décorait l'ancienne chambre de ce conquérant au château de Fontainebleau, laquelle forme aujourd'hui la cage de l'escalier d'honneur de ce château par la cour ovale. Ce tableau, dans son intégrité presque primitive, se voit au dessus de la porte d'entrée des grands appartemens, et la gravure est du même sens (12) ; Ier état.

520. L'empereur Marc-Antoine offrant un sacrifice (14) ; IIe état. — Pallas (18). — Europe, aidée par des femmes, couronne de fleurs le taureau blanc dont Jupiter avait pris la forme (29) ; signée : *P. Mariette*, 1657.

521. Bellone assise sur des trophées (34). — La Déesse et le Paysan (36). — La Nymphe de Fontainebleau sous les traits de Diane de Poitiers (37).

522. Jupiter visitant Danaé (40). — Cadmus combattant le dragon (42).

523. Des Hommes et des Femmes cultivant un jardin (43). *Très belle.*

(*) Voyez le *Dictionnaire des Monogrammes* de M. F. Brulliot, t. I, n° 1185.

(**) Et aussi *Leo* Daris, par M. *de Heinecken* (*Dictionnaire des Artistes*), qui puisa ces noms, chose étrange, sur une pièce qui n'est autre que le *IIe état* du N° 10 de l'œuvre de *Louis de Boulogne* le père : voyez le t. I du *Peintre-Graveur français*.

524. Psyché puisant de l'eau à la fontaine (46). — Adonis à la chasse (48).

525. Hercule et Omphale (50). — Jupiter pressant les nuées (54).

526. La Femme et les deux Enfans (58); *l'original et la copie.* — Les Hommes assemblés autour d'un chameau (63).

527. Le Cerf aux abois (64). — Deux Faunes portant un Satyre (67). *Pièce libre.* — Jupiter et Sémélé (54 des anonymes de l'École de Fontainebleau).

Morceaux non connus à Bartsch.

528. I. Une Muse. Elle est debout, accoudée sur un socle et dirigée à droite. Au bas du socle, les initiales LD. H. : 8 p. 3 l.; L. : 3 p. 6 l.

529. II. — VII. Six pièces de la suite des douze paysages indiqués par M. Brulliot, numéro cité, représentant la fable de Proserpine. L. : 8 p. 4 l. ; H. : 4 p. 7 l., y compris 4 l. de marge. Les numéros sont au haut dans le milieu de la marge ; savoir :

II (1). Dans la marge du bas, on lit, au milieu : *Iupiter, è Cœlo, Phœtont'incendia visit. Leonardi Thiry, Belgæ, pictoris longe excellentiss inuentum;* et à gauche : *Cum priuilegio Regis* (*).

III (1 *sic***). *Ibidem : Plutoni Cianes aditum, non terra negauit.*

IV (6). *Ibidem : Consternit illam pugnis, mortemqz minatur.* Les initiales du maître sont tracées à rebours au bas, vers le milieu.

V (7). *Ibidem : Verbera dũm cessant, facta est mox Vrsa Calisto.*

VI (—). *Ibidem : Prægnantem vt sensit, superas conscendit ad auras.*

(*) Le graveur en lettres, qui a tracé les inscriptions de cette suite, est évidemment le même qui a gravé celles de la plupart des estampes de *René Boivin.*

(**) Le numéro primitif a été enlevé et remplacé par celui-ci. Cela a eu lieu, sans doute, par quelque éditeur, lors de la réunion de quelques unes des planches.

VII (—). *Ibidem : Devastat siculos frugum dea funditus agros.*

530. VIII. — XVII. Dix paysages faisant partie d'une autre suite. L. 18 p. 7 à 8 l.; H. 15 p. 10 l.

VIII (1). *Orphée.* Il est assis, de face au milieu, sur une butte garnie de trois arbres, jouant du violon de la main gauche et entouré de toutes sortes d'animaux. Les initiales L D sont dans le coin bas de la droite.

IX (2). *Jeux d'enfans.* Vue de monumens somptueux, la plupart en ruine. Des enfans animent le devant et se livrent à différens jeux. Trois se voient dans une pièce d'eau s'enfuyant à l'aspect d'un serpent qui s'élance d'une touffe de jonc étant au bas de la droite. Les initiales sont sur la tranche d'une terrasse au bas de la gauche.

X (3). *Le Roi et la Reine.* Vaste campagne ornée de riches monumens et baignée par des eaux abondantes. Un roi et une reine, dans le costume du temps de Henri II, se voient vers la droite du bas, prêts à s'embarquer dans une gondole que deux nautonniers amènent au rivage. Les initiales se voient près d'une touffe de roseaux, au bas de la droite.

XI (4). *Romulus et Rémus.* Paysage orné de monumens en ruine, au milieu duquel on voit une femme couchée et livrée à la méditation, environnée des instrumens des sciences et des arts. La louve, allaitant Romulus et Rémus, se voit sur le second plan, à droite. Morceau sans marque.

XII (5). *Le Satyre et les Nymphes.* Vue d'un site sauvage baigné par des eaux qui coulent sous un pont, au milieu du bas. Un satyre, debout sur ce pont, s'est saisi d'une nymphe, sujet de l'effroi de ses compagnes qui se sauvent dans des cavernes étant à gauche. Morceau sans marque.

XIII (6). *Le Serpent.* Un marais occupe les premiers plans de ce morceau. Du sein d'une touffe de joncs, à droite, s'élance un serpent monstrueux à la vue duquel des grenouilles et des volatiles s'enfuient effrayés. Dans la marge, au milieu, les initiales S D. retournées (*).

(*) Ces initiales semblent appartenir à *Étienne Du Pérac*; elles ont été apposées, après coup, à l'aide d'une estampille.

XIV (7). *Les deux Lapins.* Au pied de deux arbres s'élevant au milieu du bas et dont les cimes sont tronquées par le bord supérieur de la planche, on voit deux lapins qui se regardent. Morceau sans marque.

XV (8). *Le Terme de Priape fustigé.* A droite, on voit le Terme de Priape que deux enfans fustigent. Beaucoup d'autres enfans animent la composition ; dix sont à terre, et deux embarcations, qui en sont chargées, se voient à gauche. Dans la marge, au milieu, les initiales retournées S. D.

XVI (9). *Le Chemin escarpé.* Un chemin, très escarpé et bordé de pierres de taille, conduit du milieu du bas au haut de ce morceau, ombragé par des arbres. Quatre enfans sont assis au milieu du bas et quatre autres cherchent à débusquer un de leurs camarades, assis sur le tronc d'un vieil arbre, à gauche. Deux personnes sont debout sur un petit pont, à droite. Morceau sans marque.

XVII (10). *Le Faune pêcheur.* Dans une campagne ornée de riches fabriques et animée de faunes dansant et faisant l'amour, on remarque, à gauche, sur un pont un autre faune qui pêche à la ligne. Dans l'angle bas, à gauche, les initiales L. D.

TIEPOLO (Jean-Baptiste), peintre et graveur à l'eau-forte, né à Venise en 1697, mort à Madrid en 1770.

531. Varj cappricci Inventati, ed Incisi Del Celebre Gio. Battista, Tiepolo, etc. — MDCCLXXXV. Suite de 11 pièces y compris le titre. Une est double à cause d'une différence. — La famille du Satyre et deux pièces emblématiques. En tout 15 estampes.

TIEPOLO (Jean-Dominique), fils aîné du précédent, et comme lui peintre et graveur à la pointe.

532. Sujets pieux et allégoriques, la plupart d'après son père ; têtes de caractère dans le goût du *Benedette*. En tout 65 estampes. Plusieurs sont avec des remarques.

TIEPOLO (Laurent), fils cadet de Jean-Baptiste, et, comme son père et son frère, peintre et graveur à la pointe.

533. Deux compositions d'après son père, exécutées d'une pointe analogue à celle de son frère. — Plus, quatre sujets champêtres qui lui sont attribués.

TITIEN. *Voyez* VECELLIO.

TORBIDO DEL MORO. *Voyez* D'ANGELI.

TORRI (FLAMINIO).

534. L'Amour et Pan (7).

TRAVI (ANTOINE). *Voyez Brulliot, t.* I, *n°* 740.

535. Deux Paysans chargent un cheval sur lequel est montée une femme avec son enfant.

TRENTE (ANTOINE DE). *Voyez* CLAIRS-OBSCURS ET FANTUZZI.

TRIVA ou TRIVIS (ANTOINE).

536. Suzanne surprise au bain (1), *a* à l'eau-forte pure et d'un ton cru; l'eau-forte a manqué son effet sur le bouquet d'arbres à gauche et au bas du même côté; *b* retouché et amené à l'effet le plus harmonieux.—Repos en Égypte (2).

UGO DA CARPI. *Voyez* CLAIRS-OBSCURS.

VALESIO (JEAN-LOUIS).

537. La Vierge s'entretenant avec l'Enfant Jésus (1).—Vénus châtiant l'Amour (5).

538. Vénus et l'Amour (6).— Ovale rempli de douze têtes (7). *Très belles.*

VAL VT. *Voyez* SÉBASTIEN D'VL, ou D'VAL VT.

VANNI ou VANNIUS (FRANÇOIS).

539. Sainte Catherine de Sienne (2); signée : *P. Mariette*, 1666. — Saint François en extase (3). — Saint François d'Assise méditant (V. Bartsch, t. XVII, p. 198).

VANNI ou VANNIUS (MICHEL-ANGE), fils du précédent. *Voyez Brulliot, t. II, n°* 2069.

540. Hérodiade tenant dans un plat la tête de saint Jean-Baptiste; deux épreuves, l'une de l'état décrit par cet auteur, l'autre d'un IIe état où les initiales et le millésime ne se voient plus, la planche ayant été réduite de six lignes par en haut.

VASSELLIS (A.-M.), *artiste sur lequel on n'a pas de données.*

541. Diogène cherchant un homme. Vu en demi-figure, il se dirige à gauche en tenant sa lanterne d'une main et élevant l'autre. Dans la marge, à droite : AM Vassellis in F (les trois premières lettres liées en forme de monogramme).

H. : 5 p. 4 l., y compris 1 l. de marge; L. : 4 p.

VECELLIO (TITIEN).

542. Les trois Flûteurs (3). — Le Paysage au gardeur de cochons (6).

VENENTI (Jules-César), gentilhomme bolonais, né en 1609.

543. La Vierge à la Rose, d'après le Parmesan.

VIANI (Dominique-Marie).

544. Saint Joseph (1).

VICENTINI. *Voyez* clairs-obscurs.

VICO ou **VICUS** (Énée).

545. Tarquin et Lucrèce (15) ; Ier état, *rare*. Épreuve d'une fraîcheur virginale, avec 8 l. de marge.

Différens vases, dont cinq n'ont pas été décrits.

546. Aiguière à une anse (421, II). — Aiguière dont le corps est orné d'un crabe, *et non d'une écrevisse* (422. III). Aiguière à une anse formée de deux serpens, laquelle est à gauche, et dont la panse est ornée du triomphe d'Amphitrite. Avec la tablette aux initiales et l'inscription : ROMAE AB ANTIQVO REPERTVM . M . D.XXXXIII (IIII) ; *non décrit par Bartsch.* — Aiguière surmontée d'un homme entortillé de serpens (423. V). — Aiguière dont l'anse est formée d'une panthère (424. VI). — Vase à deux anses dont le couvercle est surmonté d'une figure de l'Abondance ; sa panse est ornée d'un bas-relief offrant un sacrifice sous lequel deux Génies soutiennent deux guirlandes. Avec l'inscription et la tablette du n° IIII (VII) ; *non décrit par Bartsch.* — Vase à deux anses, dont la panse est ornée d'une tête de bœuf (425. VIII). — Autre vase à deux anses tressées (426. VIIII). — Aiguière à une anse à droite, formée d'une syrène dont les bras sont en trompe d'éléphant ; sa panse est ornée de deux dauphins enlacés entre deux tridents, et au dessous, d'un mascaron drapé ; avec l'inscription rapportée, suivie des initiales E. V. sans tablette (X) ; *non décrit par Bartsch.* H. : 8 p. 10 l. ; L. : 6 p. 7 l. (*). — Vase en ballon, orné, aux deux côtés, de deux esclaves adossés, finissant en rinceaux et soutenant un feston que surmonte un buste de matrone. Avec l'inscription et la tablette indiquées (XI) ; *non décrit par Bartsch.* — Aiguière dont la partie supérieure offre la tête d'un homme chimérique (427. XII). — Aiguière dont l'anse, qui est à gauche, est formée d'un

(*) Cette dimension est commune au N° 421 : II. Celles de nos autres pièces, non décrites par M. Bartsch, rentrant, sauf le N° XIII, dans les dimensions constatées par cet auteur, nous ne les constaterons pas ici.

Faune, finissant en gaîne, dont les deux bras soutiennent une coquille formant l'orifice de ce vase; sa panse est décorée de grotesques. Avec l'inscription et la tablette indiquées (XIII); *non décrit par Bartsch.* H. : 9 p. 7 l.; L. : 6 p. 10 l.

Ces douze pièces sont d'une fraîcheur virginale.

VILLAFRANCA MALAGON (PIERRE), *peintre et graveur, né dans l'Alcolea de la Manche, vivait encore à Madrid en* 1680.

547. Le portrait de D. Juan Tamayo Salasar dans un cartouche décoré, au bas, de deux enfans assis.

VILLAMENA (FRANÇOIS), dit en français VILLAMÈNE, *dessinateur et graveur au burin, né à Assise vers* 1566, *et mort à Rome en* 1626.

548. *Les Gourmeurs.* Un Paysan se défend à coups de poing contre des gens du peuple. Signée : *P. Mariette*, 1667. — La Descente de croix, d'après le Barroche. — Le *Noli me tangere*, d'après le même. — Saint Charles Borromée en prières, couronné par les anges. — Pièce allégorique, d'après Lanfranc. Deux groupes de trois naïades occupent les deux côtés du bas, et les dieux de la fable animent le haut. Épreuve signée: *P. Mariette*, 1667. — Copie de la soucoupe d'Annibal Carrache.

ZAMPIERI (DOMINIQUE), dit LE DOMINIQUIN.

549. I. Étude de la tête de saint Jérôme, du célèbre tableau de l'artiste représentant la dernière communion de ce saint. Elle est de trois quarts dirigée à gauche. Le fond est clair, à l'exception du côté gauche, qui est légèrement ombré. Au bas de ce côté : *Zam. fec.* en écriture cursive. Ce morceau, qui est *très rare*, est exécuté à l'eau-forte, à peu de frais, mais avec infiniment d'esprit. H. : 6 p. 11 l.; L. : 5 p. 11 l.

ZANETTI (ANTOINE-MARIE), dit LE JEUNE.

550. Trois pièces à l'eau-forte gravées par lui, et une autre, d'après le maître, par Faldoni.

Dessins.

Nota. *Nous indiquerons la couleur du papier, à moins qu'elle ne soit blanche, auquel cas notre silence signifiera que le papier est blanc.*

AERTSEN (Pierre), surnommé Langepier (*Pierre le Long*), né en 1519, mort en 1573.

551. Vitrail d'Église représentant l'Adoration des bergers; en trois compartimens en ogives. A la plume, lavé d'encre de Chine. Morceau daté de 1563. H. : 15p.; L. : 6p. 9l.

AGRESTI (Livio), né vers 1520, mort en 1580.

552. Persée s'apprête à trancher la tête de Méduse. A la plume, légèrement lavé et rehaussé de blanc. L. : 17 p. 9 l.; H. : 7 p. 10 l.

ALDEGRAVER ou ALDEGREVER (Henri).

553. Intérieur d'Église gothique. Un prédicateur est dans la chaire, semblant prêcher sur le sujet de la Rédemption des captifs, dont trois sont à la gauche du bas. Ce dessin est accompagné de deux autres formant volets. Dans l'un, celui de gauche, un nouveau-né est présenté sur les fonts baptismaux; dans l'autre, on voit, en partie, un autel au pied duquel sont prosternés deux captifs. Compositions animées d'une foule de figures dans une singulière variété d'action. A la plume, lavé d'encre de Chine et *très curieux*. L. : des trois morceaux assemblés, 18p.; H. : 12p.

ALLEGRI (Antoine), dit le Corrége, né en 1494, mort en 1534.

554. Buste d'enfant dirigé à gauche, tournant la tête du côté opposé où il regarde. Aux crayons noir et rouge, rehaussé de blanc. H. : 5p. 6l.; L. : 3 p. 8l.

ANGELI (Philippe d'), dit *Philippe Napolitain.*

555. Bataille de Cavalerie. Un Cavalier, tombé de cheval au milieu du bas, menace de son sabre l'un des deux cavaliers qui se battent au delà. A la plume et *très joli.* L. : 6 p. 9 l. H. : 3 p.

ANONYMES DES ÉCOLES D'ITALIE.

556. *Les Moines au chœur.* Quatre rangs de religieux sont assis, dirigés à gauche, la plupart livrés à la prière. Ils sont en demi-figure. A la plume et lavé de bistre. Goût de l'École vénitienne. Au revers sont quatre études de têtes, traitées de même. L. 1 10 p. 3 l. ; H. 1 2 p. 10 l.

Goût du Titien.

557. Des Religieux et des Chevaliers sont dans des attitudes suppliantes, au haut, sur des gradins et au bas, sur la terrasse. A la pierre noire. *Son originalité est très douteuse* — Vénus couchée sous une tente et caressée par l'Amour. Elle est environnée de deux Tritons. A la plume. *Idem.*

558. Jésus présenté au peuple, vaste composition dans le goût de *Paul Véronèse.* A la plume, lavé de bistre. — Femme vue de profil, à droite, plus qu'en demi-figure, dans le goût de *Perrin del Vaga.* Aux crayons noir et rouge. — Jésus portant sa croix. Il est dans une niche. A la plume et lavé de bistre. Goût de *Maturino.*

Goût de Polydore.

559. Des Grecs partent pour fonder une colonie. Très grande frise à la plume. — Un chef d'armée blessé, assis à gauche, semble rendre le dernier soupir entre les bras de ses officiers.

Goût du Guide ou de son école.

560. La Vierge lève les yeux au ciel en tenant dans ses bras l'enfant Jésus que deux chérubins environnent. Au pinceau, lavé d'encre de Chine et de bistre. Il porte l'estampille du cabinet *Crozat.* — Saint évêque appuyé contre un monument, ayant, à son côté, un enfant qui lui présente sa mitre. A la plume et au pinceau, lavé de bistre. — Saint Bruno agenouillé et priant, les mains et les yeux levés au ciel ; il est dirigé à gauche. A la pierre noire, rehaussé de blanc, sur papier bleu. — Sainte Cécile assise, environnée de petits anges ; l'un d'eux accorde un violon. A la plume, lavé de bistre et d'indigo. — L'enlèvement d'Europe. Au crayon noir, lavé de bistre.

561. Deux Turcs assis, dirigés à gauche. A la plume. Goût du *Guerchin.* — Abraham renvoie Agar. A la sanguine. — L'ange visite Agar assise dans le désert. A la plume, lavé de bistre et

rehaussé de blanc. — La Charité. Elle porte un enfant et est environnée de deux autres. Au bistre, rehaussé de blanc.

562. La Vierge, ayant sur elle son divin Fils, est adorée par quatre religieux, dont deux sont agenouillés. A la plume et rehaussé d'encre rouge. — La Cène. A la plume, lavé d'indigo. L'*Ecce Homo*. Au pinceau de plusieurs couleurs. — Saint François adorant le crucifix. A la plume et à la sanguine, lavé de bistre. — Saint René ou saint Regnier, patron de Pise, en adoration devant le crucifix. La ville se voit dans le fond, à droite. A la plume, lavé de bistre.

563. Saint Jean prêchant dans le désert. Au bistre. — La Madeleine dans le désert. A la plume, lavé de bistre. — Religieux, debout à gauche, recevant l'étole dont un ange le revêt. L'image de la Vierge est dans le haut. A la plume, lavé de bistre et de sanguine.

564. Deux saints Personnages semblent offrir à la Vierge la représentation de la *Santa Casa*. Il porte l'estampille du cabinet de *Josuah Raynolds*. A la sanguine et lavé de carmin. — Saint Bruno en prières devant la Madone. A la plume, lavé de bistre. — Orphée jouant du violon de la main gauche. Au crayon noir, rehaussé de blanc.

565. Sacrifice réprouvé par l'Éternel, qui apparaît au haut, à gauche. A la plume, lavé de bistre. — La Communion d'une Sainte. A la plume, lavé d'encre rouge et de bistre, rehaussé de blanc. — Des Bergers et des Bergères découvrent un puits dans le désert. A la plume, lavé d'encre de Chine.

566. Cinq Paysages divers.

ANONYMES DE L'ÉCOLE ALLEMANDE.

567. La Mère de Dieu. Vue à mi-corps et dirigée à droite, elle tient contre son sein son divin Fils, qui regarde au bas, du même côté. Dans un rond. A la plume et au pointillé. Le fond est teinté de travaux croisés en losanges. Sur un écriteau, au bas, on lit : MATER DEI *Bonaventura Pernegger Thlyg Fecit A°* 1659. H. : 9 p. 6 l. ; L. : 8 p. 4 l.

568. Saint Christophe, debout à gauche, dans l'eau, est prêt d'aborder à droite, où la Foi est debout, tenant un calice au

dessus duquel brille la sainte Hostie. A la plume, lavé de bistre, d'indigo et de carmin. Goût antérieur à Albert Durer. H. : 8 p. 8 l.; L. : 7 p. 5 l.

569. Deux portraits de Femmes en regard, découpés et fixés sur la même feuille. L'un, dirigé à droite, est à la pierre noire, lavé d'encre de Chine et teinté de carmin. On lit au bas, en écriture allemande : *Sabina Herzogin Zü Württemberg Geborn. Hergogin in Baüern.* L'autre, dirigé du côté opposé, est traité de même, mais d'une façon moins léchée. On lit au bas, en écriture semblable : *Maria Herzogin Zü Braun Seheveig geborne Herzogin zū wūrttemberg.*

570. Buste d'homme barbu, aux cheveux courts et hérissés, vu presque de face. Il cligne des yeux et regarde, à droite, en souriant. A la pierre noire et à la sanguine, rehaussé de blanc, sur papier bis. H. : 8 p. 9 l.; L. : 6 p. 6 l.

ANONYMES DE L'ÉCOLE FLAMANDE.

571. L'Adoration des Rois, d'après *Paul Véronèse*. Au pinceau de plusieurs couleurs. — La Résurrection d'une Sainte. A la plume. Goût d'*Hemskerke* le Vieux.

572. Des Voleurs arrêtent un coche. A la plume. — Homme et Femmes concertant. *Idem*. — Étude prise dans une *villa* italienne. Au bistre.

Goût de Rubens ou de ses élèves.

573. Un jeune Prince, escorté de la Justice et d'autres figures allégoriques, s'appuie, de la main droite, sur un encadrement, et lève l'autre, en signe de remercîment, à droite, où il regarde. — Buste d'Homme entouré de palmes et de branches de laurier passant au bas, dans des couronnes. Un écusson *blanc* couronné décore le milieu du bas.

ANONYMES DE L'ÉCOLE HOLLANDAISE.

574. Un Hallebardier, tenant une lanterne, conduit, de la gauche où se voit un château, une jeune Femme, vers la droite, où est une fontaine. Au pied d'un arbre, dans le fond, un homme caresse une femme. A la plume, lavé de bistre et d'indigo. — Village hollandais au bord d'une rivière, où se voient trois chaloupes. A la plume, lavé de bistre et rehaussé de blanc.

= Le Moulin à eau. A la plume, lavé de plusieurs couleurs.

AZZOLINO, *artiste sur lequel on n'a pas de données.*

575. Saint Martin coupe un pan de son manteau pour en vêtir un pauvre. Au pinceau, lavé de bistre sur papier bleu. H. : 6 p. ; L. : 5 p.

BANDINELLI (Baccio), *né en 1497, mort en 1559.*

576. Études de deux Figures nues d'hommes. A la plume. Au revers est une autre Étude d'une figure semblable. H. : 16 p. ; L. : 10 p.

BARBIERI (François), dit le Guerchin.

577. Judith rentrant à Béthulie avec la tête d'Holopherne, suivie de quatre femmes qui accompagnent sa marche en chantant et jouant des instrumens. Composition en demi-figures. C'est la première pensée du célèbre tableau du maître qui a été, pendant quelques années, exposé au Musée Napoléon. A la plume, lavé de bistre. L. : 11 p. 9 l. ; H. : 8 p. 9 l. *Beau.*

578. Deux Paysans causent ensemble sous une treille. A la plume, lavé de bistre. H. : 11 p. ; L. : 7 p. 6 l. *Beau.*

579. Paysage animé d'une femme assise à gauche, portant son enfant dans ses bras, et de trois couples de personnes conversant. Un tronc d'arbre mort s'élève à droite ; à l'opposite, un monument en rotonde près duquel sont quatre figures. A la plume et légèrement lavé de bistre. L. : 15 p. ; H. : 10 p. 8 l. *Très beau.*

BAROCIO (Frédéric), dit le Baroche.

580. Étude d'une Draperie. Au crayon noir, lavé de bistre et d'encre de Chine. *Avec la marque du cabinet Mariette.* H. : 15 p. 3 l. ; L. : 19 p. 9 l.

BAROZZIO (Jacques), surnommé Vignola, célèbre architecte, né en 1507, mort en 1573.

581. Plafond richement orné d'architecture à colonnes torses et d'encadremens, décorés de sujets allégoriques. A la plume, lavé de bistre. H. : 19 p. 2 l. ; L. : 10 p. 6 l.

BECCAFUMI (Dominique), dit le Micarino, né en 1484, mort en 1549.

582. L'Aveugle de Jéricho. A la plume, lavé de bistre et rehaussé de blanc sur papier jaune. H. : 14 p. 8 l. ; L. : 10 p. 2 l.

= Étude de trois Femmes et d'un Capucin formant groupe,

regardant à la gauche du devant. A la plume, lavé de bistre et d'encre de Chine. H. : 7 p. 8 l. ; L. : 5 p. 6 l.

BÉGA ou BEGYN (Corneille).

583. Homme vu par le dos, marchant à gauche. Il porte un éventaire et vide un vidercome. Un chien est à son côté. Au crayon noir, estompé et rehaussé de blanc sur papier bleu. H. : 7 p. 6 l. ; L. : 5 p. 3 l.

BEGYN (Abraham).

584. L'un des *Albums* de ce maître. Il contient quarante-sept études à la pierre noire ou à la mine de plomb, lavées de bistre et d'encre de Chine. Elles représentent des vues prises dans Paris même ou dans ses environs, et des chaloupes à flot. Elles sont fixées dans un volume cartonné, in-12, oblong en travers.

BELLA (Étienne della), né en 1610, mort en 1664.

585. Entrée à Rome de l'Ambassade de Pologne. A la plume, lavé de bistre. Il a souffert. L. : 8 p. 10 l. ; H. : 4 p. 3 l.

586. Trois Études, montées sur la même feuille. La 1re, d'une Femme tendant la main. A la plume, légèrement rehaussée de bistre. La 2e, d'un Satyre tenant un enfant près d'un bouc dont on ne voit que la tête. A la plume, légèrement teintée. La 3e, d'un Homme penché à gauche. A la plume. — Quatre autres Études, également fixées sur une feuille. La 1re, d'une Femme lisant, qui paraît être d'après le *Guerchin*. La 2e, d'un Homme vu presque par derrière, s'appuyant sur le bras droit. La 3e, d'un Gueux s'appuyant sur un bâton. La 4e, d'une Tête orientale. Elles sont toutes à la plume.

587. Neuf Études, montées sur une feuille. La 1re offre le buste d'une Femme de qualité, dirigé à droite. La 2e, un buste de Faune couronné de lierre. La 3e, le buste d'une vieille Femme vue de profil, à gauche. La 4e, Tête esquissée, vue par derrière. La 5e, un buste de Femme en profil, dirigé à gauche. La 6e, le buste d'un jeune Homme vu de trois quarts. La 7e, l'étude d'un Enfant. La 8e, trois bustes d'Hommes et d'Enfant. La 9e, une Tête effrayée. Sauf la 5e, qui est à la sanguine, toutes les autres sont à la plume.

BERETTINI (Pierre), dit Piètre de Cortone, *né en* 1596, *mort en* 1669.

588. Le Martyre de saint Étienne; composition dont le faire rappelle *Poussin*. H. : 11 p. 4 l.; L. : 8 p.

BERGHEM (Nicolas).

589. Femme lavant du linge à une fontaine en gardant quatre chèvres. A l'encre de Chine. L. : 5 p. 10 l.; H. : 3 p. 9 l.

590. Berger et Bergère conversant au bord d'une fontaine monumentale, au fond de la gauche. Des vaches, des chèvres et des moutons animent le devant. Au crayon noir, légèrement lavé d'indigo au ciel. H. : 8 p. 9 l.; L. : 6 p. 8 l.

591. Un Cavalier et une Dame à cheval, ayant un oiseau de proie sur le poing, s'avancent vers un groupe de cinq personnes étant à droite. Trois moutons se voient en bas, du côté opposé. Au crayon rouge. H. : 7 p. 6 l.; L. : 7 p.

592. Flûteur assis au fond, au delà d'une bergère debout. Une femme trait une vache à droite. Au crayon noir. H. : 9 p. 6 l.; L. : 9 p. 2 l.

593. Études de Bœufs et d'une Chèvre; d'une Femme portant son enfant en traversant l'eau et d'un Homme arrangeant le collier de son chien. Au crayon rouge. L. : 11 p. 6 l.; H. : 6 p. 9 l.

BISCAÏNO (Barthélemy).

594. La Nativité. Au crayon rouge, lavé de bistre et rehaussé de blanc sur papier jaune. L. : 8 p.; H. : 7 p. 6 l.

595. Religieux prosterné à droite et adorant l'Enfant Jésus étendu sur un lange que soutiennent deux anges. Au pinceau, lavé d'encre rouge et rehaussé de blanc sur papier jaune. H. : 10 p. 3 l.; L. : 7 p. 4 p.

BLOOM ou BLOEMEN (Pierre van), *né en* 1649, *mort en* 1719.

596. Vache paissante, dirigée à droite. Au crayon rouge. L. : 8 p. 3 l. : H. : 7 p.

597. Deux Hommes examinant le pied d'un cheval dirigé à gauche. Au crayon noir, lavé d'encre de Chine. L. : 7 p. 6 l.; H. : 5 p.

BOL (Jean), *né en* 1534, *mort en* 1583.

598. Paysage orné d'églises et de châteaux gothiques, et de

chaumières flamandes. Un gros arbre s'élève sur une colline, au milieu du devant. Au pied d'une fontaine gothique, étant à gauche, l'artiste a représenté la rencontre de Rébecca par Éliézer. A la plume et lavé de bistre. Il est signé et daté de 1581. L. 1 11 p.; H. 17 p. 3 l.

BOSCOLI (ANDRÉ), *né en* 1553, *mort en* 1606.

599. Prise d'habit d'un Religieux. A la plume et lavé de bistre. H. 16 p.; L. 15 p. 6 l.

BOUT (PIERRE).

600. Le Passage d'un gué. Une Femme montée sur un âne, au milieu du devant, parle à un pâtre ayant les pieds dans l'eau. Ils sont environnés de vaches et de moutons, la plupart se dirigent de face. Au delà est un bouquet de deux arbres. Morceau signé : *P. Bout*, et tout à fait dans la manière de *Berghem*. Au pinceau et lavé d'encre de Chine. *Il est du plus charmant effet*. L. 19 p. 9 l.; H. 17 p.

BRAMER (LÉONARD), *né en* 1596.

601. Jésus et la Samaritaine. A la plume, lavé d'encre de Chine. H. 17 p. 8 l.; L. 17 p.

BREUGHEL (JEAN), *né en* 1589, *mort en* 1642.

602. Vue d'un village au bord d'une rivière sur laquelle est un pont que passe un rustre suivi d'un enfant. Morceau daté de 1623. A la plume, lavé de bistre et d'indigo. L. 1 10 p.; H. 17 p. 6 l.

BROUWER (ADRIEN), *né en* 1608, mort en 1640.

603. Fumeur assis de face, renversant la tête comme pour suivre des yeux la fumée qui s'échappe de sa pipe. Au crayon noir, sur papier gris. H. 9 p. 8 l.; L. 5 p. 6 l.

BUONACORSI (P.) dit PERRIN DEL VAGA, *né en* 1500, *mort en* 1547.

604. Sarcophage antique, orné de bas-reliefs et surmonté de la figure d'un grand-prêtre assis. A la plume et lavé de bistre. L. 18 p. 3 l.; H. 17 p.

605. Deux Ambassadeurs, agenouillés au milieu, semblent venir demander la paix à un empereur romain assis à gauche. Composition de beaucoup de figures. A la plume, lavé de bistre et très fatigué. Il est marqué de l'estampille du cabinet. *Crozat*. L. 1 20 p.; H. 17.

BUONAROTTI (Michel-Ange), *né en* 1474, *mort en* 1564.

606. Quatre Études d'Hommes couchés. Deux sont à la plume, une à la sanguine et l'autre à la pierre noire. L. : 10 p.; H. : 7 p. 6 l.

607. Deux Études de Mascarons à la plume. H. : 5 p. 6 l.; L. : 3 p. 10 l. On a fixé, sur la même feuille, deux eaux-fortès, d'après les compositions du maître : l'une représente un portrait d'homme, l'autre une leçon d'anatomie.

BUSIRI (Jean-Baptiste), *artiste italien sur lequel on n'a pas de données.*

608. Paysage hors des murs de Rome, dans lequel un Bouvier, assis au milieu du devant, garde trois vaches. A la sanguine. L. : 12 p. 3 l.; H. : 8 p. 6 l.

CABEL ou KABEL (Adrien VANDER).

609. Paysage montueux et peu boisé, dans lequel un Berger conduit un troupeau, à droite. A la plume, sur papier gris. L. : 8 p.; H. : 5 p. 3 l.

CAGLIARI (Paul), dit Paul Véronèse, *né en* 1532, *mort en* 1588.

610. Janus assis, dirigé à droite, où il se penche. Au bistre, sur papier gris. Au verso sont représentés, au bistre et rehaussés de blanc, le Père Éternel dans sa gloire et un Homme s'enfuyant, à gauche, en élevant son bouclier au dessus de lui. H. : 11 p.; L. : 7 p.

611. Allégorie. Une Femme, assise sur un lion, représentant probablement Venise personnifiée, profite des conseils du Dieu du commerce, debout à son côté en semblant accueillir favorablement les offrandes que lui font des figures prosternées au pied de son trône. A la plume et au crayon noir. H. : 11 p.; L. : 6 p. 3 l.

CALDARA (Polydore), dit de Caravage, *né en* 1495, *mort en* 1543.

612. Trois Figures drapées, vues de face, dont deux caractérisent Minerve et Melpomène. A la plume. L. : 6 p. 7 l.; H. : 4 p. 6 l. Au revers sont trois autres Figures drapées de Femmes, l'une vue de face et les autres presque de profil. A la plume, lavé de bistre.

613. Frise de dix Enfans, dont deux sont assis aux extrémi-

tés. A la plume, lavé de bistre et rehaussé de blanc. L. 1 11 p. 9 l.; H. 1 3 p. 6 l.

614. Frise offrant, au milieu, un Homme enlevant une Femme, ce qui paraît être le sujet du combat que se livrent deux guerriers, étant à gauche. A la plume et lavé de bistre sur un quart environ de la largeur, à gauche. L. 1 15 p. 6 l.; H. 1 6 p.

615. Frise au trophée d'armes, animée de quatre figures de captifs enchaînés et de soldats combattant. A la plume, lavé de bistre. L. 1 15 p. 2 l.; H. 1 6 p. 3 l.

616. Au pied du Parnasse, sur lequel Pégase prend son vol, on voit des Muses et des Auteurs en différentes attitudes. A la plume, lavé de bistre. L. 1 9 p. 9 l.; H. 1 6 p. 6 l.

617. Frise aux deux Autels de sacrifice. Sur l'un, un taureau va être immolé; de l'autre, garni d'un brasier, un sacrificateur approche un bélier. A la plume, lavé de bistre et rehaussé de blanc sur papier bleu. L. 1 16 p. 10 l.; H. 1 7 p. 3 l.

CAMASSÉI (André).

618. La Nativité. A la plume, sur papier gris. L. 1 8 p. 4 l.; H. 1 6 p. 2 l.

CAMBIAZI (Lucas), dit le Cangiage, *né en 1537, mort en 1585.*

619. Saint George vainqueur du Dragon. A l'encre de Chine. L. 1 11 p. 9 l.; H. 1 8 p. 2 l.

620. Le Martyre de sainte Félicité. A la plume et lavé de bistre. H. 1 9 p. 4 l.; L. 1 7 p.

621. La Madeleine transportée au ciel. A la plume et lavé d'encre de Chine. H. 1 14 p. 8 l.; L. 1 9 p. 2 l.

622. Trois Femmes implorent la miséricorde d'une autre, debout au milieu, à côté de sa servante. A l'encre, lavé de bistre. L. 1 11 p. 2 l.; H. 1 6 p. 6 l.

623. Frise aux Faunes enlevant une Nymphe. A la plume, lavé de bistre. L. 1 15 p. 3 l.; H. 1 8 p.

CAMPAGNOLA (Dominique).

624. Trois couples de Danseurs. Au bistre. L. 1 9 p.; H. 1 4 p. 1 l.

CANINI (Jean-Ange), *né en 1617, mort en 1666.*

625. Sainte Famille. Au crayon rouge, lavé d'encre de Chine. L. 1 7 p.; H. 1 5 p. 4 l.

CARPIONI (Jules).

626. La Madeleine transportée au ciel. A la plume, lavé d'encre de Chine. H. 1 6 p. 6 l.; L. 1 5 p. 3 l.

CARRACCIO (Annibal), dit le Carrache.

627. Ulysse chez Circé, première pensée d'un des tableaux de la galerie Farnèse. A la sanguine. L. 1 8 p. 9 l. ; H. 1 6 p. 4 l.

628. Saint François en extase. Contre-épreuve d'un dessin à la sanguine, faisant partie de la collection du Musée royal de France. On y a joint l'eau-forte qu'a gravée M. le comte de *Caylus*.

629. Paysage à la plume, où l'on voit un Homme et une Femme assis sous des arbres, au milieu. L. 1 10 p. 3 l. ; H. 1 7 p. 6 l.

630. Paysage légèrement croqué. Dans une percée, à gauche, on voit une ville. Il porte la marque de la collection *Mariette*. H. 1 10 p.; L. 1 7 p. 6 l.

631. Paysage à la sanguine, où l'on remarque trois couples de personnes assises à gauche et vers le milieu. *Il est très beau, mais il a souffert*. L. 1 12 p. 6 l.; H. 1 8 p. 9 l.

CARRACCIO (Augustin), dit le Carrache.

632. Etude d'un saint Sébastien après son martyre. A la plume, lavé d'encre de Chine. L. 7 p.; H. 1 4 p. 9 l.

CARRACCIO (Louis), dit le Carrache.

633. Saint Charles en adoration, sur un nuage supporté par trois anges. A la plume, lavé d'indigo. H. 1 10 p. 9 l.; L. 1 8 p.

634. Deux Etudes d'Hommes couchés. Sur le *recto* et le *verso* de la même feuille. Au crayon noir, sur papier gris. H. 1 13 p. 9 l.; L. 1 9 p. 9 l.

CERQUOZZI (Michel-Ange), dit *Michel-Ange des Batailles*, né en 1602, mort en 1660.

635. Vue d'un Aqueduc aboutissant à un palais, étant à droite. Un jardinier s'appuie sur une balustrade, au bas, à gauche. A la plume, sur papier jaune.

CÉSARI (Joseph), dit le Josépin, *mort octogénaire en* 1640.

636. Deux Études. L'une, d'un ange en adoration. Aux crayons noir et rouge, légèrement lavée, sur papier blanc. H. 1

8 p.; L. : 6 p. L'autre, d'une Tête de guerrier. A la sanguine. H. : 8 p. 6 l.; L. : 7 p. 3 l.

CIGNANI (CHARLES), *né en* 1628, *mort en* 1719.

637. Une Assomption. Étude à la sanguine. H. : 14 p.; L. : 9 p.

CIRCIGNO ou CIRCIGNANO (ANTOINE), dit LE POMMÉRANCE, *né en* 1570, *mort en* 1630.

638. Jésus-Christ sur la barque enseigne le peuple. A la plume, lavé de bistre, sur papier jaune. L. : 17 p. 4 l.; H. : 11 p. 9 l.

CORRÉGE (LE). Voyez ALLEGRI.

COSSIERS (JEAN), *né en* 1603.

639. Hommes et Femmes attablés sous une treille. Au pinceau, lavé d'encre de Chine, sur papier gris. H. : 14 p. 6 l.; L. : 11 p. 3 l.

DIETRICH ou DIÉTRICI (CHRÉTIEN-GUILLAUME-ERNEST).

640. Le petit Joueur de triangle; il est environné de quatre figures qui l'écoutent. Composition en demi-corps. Au pinceau, lavé de bistre et rehaussé de blanc. H. : 9 p. 6 l.; L. : 7 p. 6 l.

DOES (JACQUES VANDER), *né en* 1623, *mort en* 1673.

641. Deux dessins fixés sur la même feuille : l'un offre une étude, lavée d'encre de Chine, de huit Moutons, dont six sont couchés. L. : 5 p. 9 l.; H. : 3 p. 3 l. L'autre, au crayon noir, plutôt de *Berghem* que de notre artiste, offre l'étude de deux têtes de béliers. L. : 4 p. 3 l.; H. : 3 p.

DU JARDIN (CARLE ou KAREL).

642. Trois morceaux fixés sur la même feuille; ils sont à la sanguine et offrent, le 1er, l'étude d'un Agneau dirigé à gauche. L. : 2 p. 9 l.; H. : 1 p. 10 l.; le 2e, l'étude de deux Brebis dirigées à droite. L. : 3 p. 9 l.; H. : 3 p. 3 l.; le 3e est une contre-épreuve du 2e morceau.

DURER (ALBERT).

643. La Vierge et l'Enfant Jésus. Il n'y a que les têtes, dessinées à la plume, qui puissent être du maître; encore nous paraissent-elles douteuses. Cependant le papier est de l'époque, ayant pour filigramme une tête de bœuf.

DU SART (CORNEILLE).

644. Paysan hollandais assis, tenant sa pipe d'une main et

de l'autre, élevée, un vidrecome avec lequel il semble porter une santé. Ses traits respirent la gaîté la plus franche. Au crayon noir, légèrement estompé ; les mains et la figure à la sanguine, sur papier bleu. H.: 9 p. 1 l.; L. : 5 p. 3 l.

645. La Danse en plein air. Composition de vingt-deux figures. Un Chien aboie après deux canards, au bas à droite. A la plume, lavé d'encre de Chine. Morceau dans le goût d'Ostade. L. : 8 p. ; H. : 4 p. 3 l.

646. Intérieur de Cuisine hollandaise animée de cinq figures. Cette cuisine est garnie d'une grande variété d'ustensiles. Au bistre. H. : 13 p. 3 l. ; L. : 11 p. 8 l.

DYCK (ANTOINE VAN).

647. L'Assomption de la Vierge. Au pinceau, lavé d'encre de Chine. H. : 14 p. 6 l. ; L. : 9 p. 10 l.

648. Deux Anges plafonnant. Au crayon noir. *Il a souffert.* H. : 10 p. 6 l.; L. : 8 p.

649. Portrait de Guillaume de Vos; dessin d'après lequel l'artiste a fait une eau-forte.

650. Esquisse à la pierre noire, sur papier bleu du portrait d'un Homme assis dans un fauteuil sur lequel il s'appuie de la main gauche, en posant l'autre sur sa poitrine. Il regarde à droite. H. : 8 p. 10 l. ; L. : 6 p. 9 l.

ESPINOSA (HYACINTHE-JÉRÔME DE), né en 1600, mort en 1653.

651. La Vierge dans sa gloire. Elle est debout sur un croissant, tenant dans les bras son divin Fils. Deux anges la couronnent. A la plume, lavé d'encre rouge et d'indigo et rehaussé de blanc sur papier jaune. H. : 7 p. 7 l. ; L. : 5 p. 2 l.

FARINATI (PAUL.)

652. Sainte Marguerite d'Écosse, en présence d'un évêque, accueille les vœux de Malcolm.

FERRI (CIRO OU CYR), dit CIROFERRE, né en 1634, mort en 1689.

653. Première pensée de partie des peintures de la coupole de l'église de Sainte-Agnès de la place Navone. A la plume, lavé de bistre. H. : 10 p. ; L. : 7 p. 9 l.

FONTAINEBLEAU (ÉCOLE DE).

654. Mutius Scævola, composition de beaucoup de figures.

A la plume, lavé de bistre et rehaussé de blanc sur papier jaune. Il porte le timbre de la collection de *Josnah Reynolds*. L. 1 16 p. 3 l.; H. 1 11 p. 3 l.

FYT (Jean).

655. Études de deux Chiens et d'un groupe de Gibier mort dans un paysage. A la sanguine. L. 1 11 p. 3 l.; H. 1 9 p.

GENOELS (Abraham).

656. Paysage agreste, baigné par des eaux tombant en cascade au milieu. A gauche, un tronc d'arbre dont un rejet s'élève jusqu'au haut de la composition. Des fabriques se voient dans le fond de la droite, au pied d'une haute montagne. A la plume, sur papier bleu. L. 1 10 p. 9 l.; H. 1 6 p. 10 l.

657. Deux Paysages à la plume, lavés d'encre de la Chine et précieusement finis, fixés sur la même feuille. Le 1er offre un site de rochers garnis de broussailles. Dans un antre, à gauche, un solitaire est en prière. Au dessus, sur un rocher faisant voûte, un groupe de cinq personnes. Au milieu du bas, sur la tranche du roc, AGSF. 1710. L. 1 6 p.; H. 1 4 p.—Le second présente un rocher creux, ombragé d'arbres, sur le revers duquel, à gauche, sont assis un homme et une femme qui conversent. Au bas, de ce côté, au pied d'un gros arbre : *A. Genoels oft Roome Archimedes. 3 sep* 1718. *out* 18. Même dimension.

GIORDANO (Lucas), dit *Fa Presto*.

658. Un Vieillard, assis au pied d'un arbre, préside une réunion de bergers et de bergères qu'il semble mettre d'accord. A la plume, lavé de bistre. H. 1 10 p. 4 l.; L. 1 7 p. 6 l.

GOYEN (Jean Van).

659. Vue d'un canal chargé de barques et environné d'habitations. Le monogramme du maître, suivi de l'année 1657, est au bas, à droite. Au crayon noir, légèrement lavé d'encre de Chine. *Très joli*. L. 1 10 p. 3 l.; H. 1 6 p. 2 l.

GRIMALDI (Jean-François), dit le Bolognèse.

660. Vaste Paysage richement boisé, offrant, au milieu, un repos de la sainte Famille. A la plume. L. 1 19 p.; H. 1 14 p. 3 l.

661. Deux Pères du désert, l'un assis, l'autre debout, lisant dans un grand livre. Ils sont dirigés à droite, dans un paysage de forme ovale. A la plume. L. 1 9 p. 6 l.; H. 1 7 p. 3 l.

662. Paysage offrant un site escarpé, baigné par des eaux qui tombent en cascades, sur le devant. A la plume. L. : 12 p. 6 l.; H. : 8 p. 6 l.

663. Un troupeau de Bœufs gardé par deux Bouviers. A la plume, lavé de bistre et rehaussé de blanc sur papier bleu. H. : 8 p. 4 l.; L. : 5 p. 2 l.

664. Des Campagnards portent, des champs à la ville, des corbeilles remplies de melons. A la plume, lavé de bistre et rehaussé de blanc sur papier bleu. H. : 8 p. 8 l.; L. : 4 p.

HELMONT (Mathias Van), élève de Teniers le jeune.

665. Études de têtes et de figures, sur le recto et le verso d'une feuille de papier blanc. A la mine de plomb. L. : 11 p. 4 l.; H. : 7 p. 3 l.

HEMSKERKE, voyez VÉEN.

HOLBEIN (Jean), *né à Bâle en* 1498, *mort en* 1554.

666. Deux dessins fixés sur la même feuille, le 1er représente la marche de deux traîneaux conduits parallèlement, chacun par un cheval; ils se dirigent à gauche. Celui de devant est monté d'un homme et d'une femme, et l'autre d'un homme seul. A la plume et lavé d'encre de Chine. Le monogramme du maître, formé des lettres HB, se voit sur un mur, vers la gauche. L. : 7 p. 10 l.; H. : 2 p. 2 lig. — Le second offre un Soldat montrant l'exercice de la lance à trois de ses camarades, en présence de deux officiers. A la plume, lavé de bistre. L. : 8 p. 9 l.; H. : 2 p. 3 l.

Sur cette feuille on a joint un dessin de *Théodore de Bry*, représentant des Enfans, au nombre de dix-huit, qui se livrent à différens jeux, et dont la marche est dirigée à gauche. Entièrement à la plume, et si précieusement traité qu'on pourrait le prendre pour une gravure. L. : 10 p. 2 l.; H. : 14 l.

HONTHORST (G.-V.), *né en* 1592.

667. Le Martyre de saint Pierre. A la plume, lavé de bistre, sur papier gris. H. : 14 p.; L. : 9 p. 10 l.

HOUTEN (G.-V.), artiste qui florissait en 1684, et sur lequel on n'a pas de données autrement certaines. Il a dessiné dans le grand goût.

668. Un Homme s'apprête à lever une pierre, d'après les ordres d'une femme dans le costume italien, étant à son côté,

en avant d'une arche. Sur cette pierre on lit : G V Houten *f.* 1684 (*), les trois premières lettres liées en forme de monogramme. Au bistre et lavé d'encre de Chine. H. 1 10 p. ; L. 1 6 p. 6 l.

HUGTENBOURG (Jean).

669. Charge de cavalerie. Un Cuirassier, vu de face, à gauche, et galopant au fond de ce côté, fait feu, à bout portant, contre un autre Cuirassier, étant au milieu, et dont le cheval se cabre. Un homme et un cheval mort se voient sur le premier plan. Entre eux s'avance effrayé un Cavalier, le sabre au poing, dont le cheval blessé va tomber. Au pinceau, lavé d'encre de Chine et rehaussé de blanc, avec tout le soin dont cet habile maître était capable. Son monogramme, suivi de la lettre *f*, se voit au bas, à gauche. L. 1 15 p. ; H. 1 10 p. 4 l.

HUYSUM (Jean Van), *né en* 1682, *mort en* 1749.

670. Dans une campagne, au pied d'un obélisque, étant à gauche, est une Femme assise, non loin d'une corbeille de fleurs, prêtant une oreille attentive au récit que semble lui faire un vieillard debout devant elle ; récit que semble interrompre une autre figure qui montre l'obélisque au vieillard. Au crayon noir et signé. L. 1 18 p. 3 l. ; H. 1 13 p.

JORDAENS (Jacques), né en 1594, mort en 1678.

671. Le Mariage de la Vierge, composition de sept figures. Au pinceau, de plusieurs couleurs, sur papier jaune. Il est cintré. H. 1 10 p. 9 l. ; L. 6 p.

672. La Pêche miraculeuse. Elle a lieu à gauche. Notre-Seigneur, entouré de ses disciples, occupe le côté opposé. Au pinceau, de plusieurs couleurs, sur papier gris. L. 1 15 p. ; H. 1 11 p.

673. Le Corps mort du Christ descendu de la croix ; composition de sept figures. Au pinceau, de plusieurs couleurs. L. 1 9 p. 6 l. ; H. 1 6 p.

JOSÉPIN. *Voyez* CÉSARI.

(*) Nous croyons que le nom rapporté par M. Brulliot, N° 1042, T. III du *Dictionnaire des Monogrammes*, n'est autre que celui de cet artiste, que notre homonyme aura mal lu.

KOBELL (FERDINAND).

674. Vue d'une Forêt. On remarque, à gauche, un bouquet de trois arbres, dont un très gros. Ils sont tronqués par les bords de la composition. Au pinceau et au bistre. L. 1 9 p. 6 l. ; H. 1 6 p 8 l. — Paysage dans lequel une Mère, adossée contre le parapet d'un pont, tient son enfant par la main. Deux très gros arbres s'élèvent à droite. A la sanguine. H. 1 16 p. 9 l. ; L. 1 11 p. 3 l.

KONING (PIERRE DE), *né vers* 1604.

675. Joseph vendu par ses Frères. A la sanguine. L. 1 11 p. 1 l. ; H. 1 6 p. 4 l. — Jésus à table avec ses disciples. A la plume, lavé de bistre et rehaussé de blanc. L. 1 11 p. 2 l. ; H. 1 6 p. 6 l.

KRUG (LOUIS), anciennement nommé le *Maître au Pot ou à la Cruche*.

676. Le Corps mort du Christ est soutenu à gauche, sur son séant, par saint Jean. La Vierge tombe évanouie entre les bras de deux saintes femmes, du côté opposé. A la plume, sur vélin et très fini. On lit au bas, à gauche : L. K. F., et, au dessous, le millésime 1536. *Très rare.*

LABELLE. *Voyez* BELLA.

LAER (PIERRE), surnommé *Bamboche*.

677. Halte à la porte d'un cabaret. A la sanguine et au bistre, lavé d'encre de Chine. L. 1 16 p. 3 l. ; H. 1 13 p.

LAIRESSE (GÉRARD DE), *né en* 1640, *mort en* 1711.

678. La figure de la Religion et un grand Ange volant soutiennent, aux deux côtés, un rideau au dessus duquel brille le soleil. Deux petits Anges les accompagnent. A la sanguine, lavé d'encre de Chine. L. 1 13 p. ; H. 1 6 p.

LANGEPIER (ou *Pierre-le-Long*). *Voyez* AERTSEN.

LICINIO, DE REGILLO (JEAN-ANTOINE), dit LE PORDENONE, *né en* 1484, *mort en* 1540.

679. Saint Roch et saint François adorent le Christ assis sur les genoux de la Vierge. Un Ange entr'ouvre un rideau à gauche. A la plume, lavé de bistre. H. 1 11 p. ; L. 1 7 p. 10 l.

LIONI (OCTAVE).

680. Portrait de Femme à mi-corps, dirigé à droite et regardant de face. Au bas, en écriture ressemblant à celle du célèbre *Jean-Pierre Mariette*, on lit : *Catherina Cucchiaroni.* A la

pierre noire, sur papier bleu. H. : 8 p. 4 l. ; L. : 6 p. 2 l.

LIVENS ou LIEVENS (Jean).

681. Vue d'une Forêt. A la plume, sur papier jaune et fort du Japon. *Très beau.* L. : 14 p. 6 l. ; H. : 9 p.

MAAS (Thierry).

682. Deux Pionniers bêchent la terre pour en charger un tombereau. Au crayon noir. H. : 8 p. 3 l. ; L. : 7 p. 2 l. — Vue d'un Port de mer. *Idem.* L. : 9 p. 1 l. ; H. : 7 p.

MARATTI (Charles), ou CARLE MARATTE.

683. La Présentation au Temple. A la sanguine et à la plume, lavé de bistre et rehaussé de blanc. *Très beau.* H. : 11 p. 10 l. ; L. : 8 p.

684. Études à la sanguine, sur papier bleu, de la Madeleine méprisant les vanités du monde, d'un saint Sébastien après son martyre et de deux figures. Sur le *recto* et le *verso* d'une feuille. H. : 10 p. 2 l. ; L. : 7 p. 8 l.

MATURINO (Matthieu), *né en* 1490, *mort en* 1527.

685. Femme dans une niche, dirigée à droite, portant sur la tête une corbeille remplie de productions maritimes. Au lavis et rehaussé de blanc. *Très beau.* H. : 9 p. ; L. : 3 p. 2 l.

686. Pendentif offrant la figure casquée de Mars tenant, d'une main, une masse d'armes et, de l'autre, une lance. Lavé de bistre et rehaussé de blanc. H. : 8 p. 3 l. ; L. : 4 p. 9 l.

MAZZUOLI (François), dit le Parmesan.

687. Le Baptême de Notre-Seigneur ; composition de beaucoup de figures. A la plume, lavé de bistre et rehaussé de blanc sur papier bleu. *Morceau capital.* H. : 12 p. ; L. : 8 p. 4 l.

688. Femme presque nue attachée à un arbre, qu'un bourreau s'apprête à percer d'une épée ; composition de dix figures à la plume. Au *verso*, deux Amours plafonnant supportent une gloire de trois autres anges debout. Pareillement à la plume. *Très belle feuille.* H. : 10 p. L. : 7 p. 2 l.

MICHEL-ANGE. *Voyez* Buonarotti.

MICHEL-ANGE DES BATAILLES. *Voyez* Cerquozzi.

MIÉRIS (François), *né en* 1635, *mort en* 1680.

689. Bacchante nue assise sur une butte, au pied d'un arbre, pressant une rappe de raisin dans la coupe d'un satyre. Au

crayon noir sur vélin. *Très fin et de la plus grande fraîcheur.* H. : 12 p. 3 l. ; L. : 9 p. 10 l.

MOL ou MOOL (Pierre Van), *élève de Rubens.*

690. Sainte Barbe. A la plume, lavé d'encre de Chine et rehaussé de blanc sur papier bleu. Morceau dans le goût de *Francflore.* H. : 10 p. ; L. : 6 p.

MOLA (Jean-Baptiste).

691. Homme et Femme marchant à gauche. A la plume ; les vêtemens de la femme teintés à la pierre noire. H. : 5 p. ; L. : 3 p. 5 l.

MOLA (Pierre-François).

692. La Vierge et l'Enfant Jésus. A la plume, lavé de bistre et d'encre de Chine. L. : 10 p. ; H. : 7 p. 4 l.

693. Jésus en croix. A la plume, lavé de bistre. H. : 9 p. 6 l. ; L. : 6 p. 6 l.

694. Deux Nymphes au bain. A la plume, lavé d'encre de Chine, sur papier bleu. H. : 10 p. 6 l. ; L. : 9 p.

MOLYN, *le Père* (Pierre de).

695. Trois Chaumières, environnées d'arbres, se voient sur une colline, à gauche : on y parvient par un escalier rustique, non loin duquel sont deux hommes assis. Dans le fond de la droite, sont trois figures conversant. A l'encre de Chine, avec des rehauts qui rendent ce morceau plein de charme et d'effet. L. : 10 p. 3 l. ; H. : 6 p. 9 l.

MOMPER (Josse ou Juste de), *né en* 1580.

696. Vue d'un Village que partage une rivière coulant aux deux côtés du bas. A la plume, lavé d'encre de Chine. L. : 11 p. ; H. : 5 p. 6 l.

MOUCHERON (Frédéric).

697. Étude à la plume d'un Paysage offrant, au milieu, un chariot chargé de foin.

MOUCHERON (Isaac).

698. Vue d'une Fontaine en rocailles, environnée d'arbres et enrichie de statues. Un jet d'eau s'élance d'une vasque en avant. A la plume, lavé de bistre et d'encre de Chine, et signé. H. : 7 p. 5 l. ; L. : 6 p. 2 l.

NAIWJNCX (H.).

699. Paysage sans figures, où l'on remarque, à droite, deux

grands arbres tronqués par les bords de la composition. Une rivière baigne un site agreste et montueux, couvert de broussailles et de quelques arbres rabougris. A l'encre de Chine. *Il est taché.* H. : 9 p. ; L. : 7 p. 6 l.

NYERT (Alex.-D. de).

700. Tête de Femme vue presque de profil, dirigée à gauche, où elle regarde. Aux crayons noir et rouge, rehaussé de blanc sur papier bleu. Il porte l'estampille du cabinet *Mariette*. H. : 11 p. 10 l. ; L. : 9 p. 9 l.

OLIVER ou OLLIVIER (Pierre), *né à Londres, où il mourut, âgé de 60 ans, vers 1660.*

701. Les Amours d'un dieu et d'une déesse. Cupidon est assis à droite. A l'estompe, lavé de carmin et rehaussé de blanc sur papier jaune. Goût de *Parmesan*. H. : 10 p. 3 l. ; L. : 7 p. 8 l.

PALMA (Jacques), le père et le fils.

702. Saint Jean est agenouillé aux pieds de la Vierge, tenant dans ses bras l'Enfant divin qui se penche pour recevoir les hommages du précurseur. A la plume, lavé de bistre et rehaussé de blanc. H. : 7 p. 7 l. ; L. : 4 p. 10 l. Au revers est une étude au crayon noir, lavée d'encre rouge, de l'ensevelissement du Christ, paraissant être de la main de Jacques Palma le fils. Ce morceau porte l'estampille du cabinet *Crozat*.

703. Sujet de plafond. A la plume et lavé de bistre, dans le goût du *Tintoret*. Il porte la même estampille.

PALMIERI (P.), *né en 1750.*

704. Paysage où l'on remarque, au milieu du bas, un pont sur lequel une Femme debout parle à deux Hommes assis. A côté de ce pont s'élève, à droite, un bouquet de trois grands arbres. A la plume, et signé *Palmerius In et fecit*. L. : 14 p. 10 l. ; H. : 11 p. 9 l.

705. Vue d'un Édifice ruiné. Sur le premier plan, au milieu, deux Hommes et une Femme sont assis. A la plume et rehaussé de blanc. Pareillement signé. L. : 13 p. 6 l. ; H. : 9 p. 6 l.

PENNI (Lucas), dit Il Fattore, *né vers 1510.*

706. Jeune Homme vu de profil, dirigé à droite et regardant au haut du même côté, la bouche ouverte. En demi-figure. Au pinceau, de plusieurs couleurs, sur un carton marouflé sur toile,

Ce carton a, selon toute apparence, servi de modèle pour une tapisserie. H. : 12 p. ; L. : 9 p.

PIPI (GIULIO), dit JULES ROMAIN, *né en* 1492, *mort en* 1546.

707. « Fleuve couché entre des rochers dont il embrasse des » masses ; il est vu de face et tient une urne de la main droite. » Lavé au bistre et rehaussé de blanc sur papier gris. Ce dessin » est d'un grand caractère. Il porte 10 p. de large sur 7 p. de haut » et est cintré. » Il provient de la collection *Paignon-Dijonval*, et nous en empruntons la description au Catalogue publié par M. Bénard, 1re P., p. 18, no 203.

708. Carton de tapisserie offrant le buste d'un Apôtre, plus fort que nature, dirigé à droite, penchant sa tête à la gauche du bas, où il regarde. De plusieurs couleurs. H. : 16 p. 9 l. ; L. : 13 p.

POLYDORE. *Voyez* CALDARA.

POMMERANZIO ou LE POMMÉRANCE. *Voyez* CIRCIGNO.

PORDENONE (Le). *Voyez* LICINIO.

PRIMATICCIO ou LE PRIMATICE (FRANÇOIS).

709. Bacchantes et Bacchans à table et portant des santés. Sujet connu par la gravure d'*Antoine Bétou*, no 3 de la suite des Peintures de la salle de bal du château de Fontainebleau. Cette gravure est jointe au dessin qui est en contre-partie. A la sanguine, rehaussé de blanc. L. : 14 p. 9 l. ; H. : 11 p. 11 l.

QUAST (PIERRE), *né en* 1601, *florissait en* 1538.

710. Trois Soldats jouant aux dés les vêtemens du Rédempteur. Le Calvaire, surmonté des trois croix, occupe le fond de la droite. Au haut, du côté opposé, le monogramme du maître, et au dessous l'année 1638. A la mine de plomb, sur vélin. *Très fin et très joli.* Il a fait partie du cabinet *Paignon-Dijonval*. H. : 6 p. 5 l. ; L. : 5 p. 2 l.

QUELLINUS ou QUELLINIUS (JEAN-ÉRASME).

711. L'Annonciation. Au pinceau, de plusieurs couleurs, sur papier bistré. Il est signé. H. : 10 p. ; L. : 9 p.

712. Un saint Religieux adore l'Enfant Jésus, qu'il porte dans ses bras. La Vierge plane au haut. Dans une tablette, au bas : AD MAIOREM DEI GLORIAM. A la plume et au crayon noir, lavé de bistre et rehaussé de blanc. H. : 9 p. 6 l. ; L. : 5 p. 2 l.

713. Le Martyre de sainte Agathe, composition de dix figures. A l'encre de Chine, rehaussé de bistre et de blanc sur papier gris. L. : 13 p. ; H. : 8 p. 6 l.

714. Achille reconnu à la cour de Lycomède. Au pinceau, de plusieurs couleurs. L. : 13 p. ; H. : 10 p.

RADEMAKER (Abraham), *né en* 1675, *mort en* 1735.

715. Paysage offrant un château au bord d'une rivière, auquel on parvient par un pont circulaire de bois, sur pilotis. La rivière, après plusieurs circuits, tombe en cascade, à gauche. A la plume, lavé d'encre de Chine. L. : 10 p. 6 l. ; H. : 7 p. 2 l.

716. Étude de Paysage, légèrement croqué, où l'on voit, à gauche, un pêcheur à la ligne parlant à deux femmes. A la plume, lavé d'encre de Chine et de bistre. L. : 11 p. 6 l. : H. : 7 p. 2 l.

RAPHAEL. *Voyez* Sanzio.

REMBRANDT (Van Rhin).

717. L'Évanouissement d'Esther, composition de quatorze figures. A la plume. Il est cintré par en haut. H. : 8 p. 3 l. ; L. : 7 p.

718. Agar renvoyée par Abraham. A la plume, légèrement lavé de bistre. L. : 8 p. 2 l. ; H. : 6 p. 9 l.

719. Le Sacrifice d'Abraham. Esquisse à la plume, *sur papier gris*. H. : 6 p. 1 l. ; L. : 5 p. 3 l.

720. Joseph racontant ses songes devant sa famille. Composition, à la plume, de dix figures. L. : 10 p. 5 l. ; H. : 7 p.

721. L'Adoration des Rois. A la plume. L. : 10 p. 9 l. ; H. : 7 p. 1 l.

722. Jésus à table avec ses disciples. A la plume et au bistre. L. : 11 p. 4 l. ; H. : 6 p. 10 l.

723. La Mort de Lucrèce, composition de cinq figures. A la plume et lavé au bistre. L. : 9 p. 3 l. ; H. : 6 p. 6 l.

724. Composition à la plume et lavée au bistre, difficile à expliquer, dans laquelle un Vieillard, debout à l'entrée d'un portique, semble donner sa bénédiction. Deux hommes se voient debout, à gauche. L. : 8 p. 3 l. ; H. : 6 p. 9 l.

725. Une Femme, tenant une vache en laisse, semble l'offrir

en garde à un berger, debout à droite, auquel elle parle. A la plume. L. : 9 p. 9 l. ; H. : 7 p. 3 l.

726. Élie dans le désert. Assis au pied d'un arbre, il regarde à la gauche du haut, où un corbeau lui apporte sa nourriture. A la plume. L. : 5 p. 10 l. ; H. : 5 p. 2 l.

727. Deux dessins montés sur la même feuille. L'un représente une étude d'un Juif vu de face, coiffé d'un turban et couvert d'un manteau ; il s'appuie de la main droite sur un bâton. H. : 4 p. 9 l. ; L. 3 p. 2 l. — L'autre offre une mère souriant à son enfant qu'elle tient sur elle. A la plume et lavé d'encre de Chine. Au revers de celui-ci, sont deux têtes de femmes. H. : 4 p. 6 l. ; L. : 3 p. 8 l.

728. Trois dessins montés sur la même feuille. Le 1er offre l'esquisse d'une femme assise, tenant, sur son giron, son enfant qui l'embrasse. H. : 3 p. 10 l. ; L. : 3 p. 2 l. — Le 2e, l'étude d'un buste de vieillard chauve. H. : 3 p. ; L. : 2 p. 9 l. — Le 3e, l'étude d'un buste de vieillard, vu de profil, dont la tête est couverte d'un bonnet polonais. H. : 3 p. ; L. : 2 p. 6 l.

729. Femme de qualité, vue de profil et dirigée à gauche. A la plume et lavé au bistre. H. : 5 p. 9 l. ; L. : 3 p. 6 l.

730. Vieillard assis dans un fauteuil, vu de profil et dirigé à droite. A la plume et lavé au bistre. L. : 6 p. 3 l. ; H. : 5 p. 5 l.

731. Trois études sur la même feuille. 1° Tête de femme vue de profil et tournée à gauche ; 2° Buste de femme regardant de face ; 3° Figure de femme assise sur une chaise et lisant. Ces deux dernières études sont lavées d'encre de Chine. Au revers, est une étude offrant le Baptême de l'Eunuque. H. : 7 p. 4 l. ; L. : 5 p. 7 l.

732. Deux études montées sur la même feuille. La 1re, d'une figure d'Oriental, vu presque de face et regardant à gauche. H. : 5 p. 4 l. ; L. : 3 p. 11 l. — La 2e, d'une figure d'homme debout, s'appuyant à gauche sur une table. Même dimension.

733. Paysage offrant, au milieu, trois maisons entourées d'arbres. Lavé d'encre de Chine et de bistre. L. : 7 p. 1 l. ; H. : 2 p. 10 l. — Paysage dans lequel, sur le second plan, à gauche, on aperçoit un homme à cheval, qui se dirige du côté opposé. Lavé au bistre. L. : 11 p. 6 l. ; H. : 7 p. 8 l.

RENI (Guido), dit Le Guide.

734. Sainte Famille. Au crayon rouge rehaussé de blanc sur papier bleu. H. : 7 p. 6 l. ; L. : 5 p. 3 l.

735. Quatre Saints pénitens, aux deux côtés du bas, adorent la Vierge et l'Enfant Jésus, apparaissant au haut, dans une gloire d'anges et de chérubins. A la plume. Il a été plié en quatre. H. : 9 p. 6 l. ; L. : 7 p. 8 l.

736. Paysage dans le goût d'Annibal Carrache, offrant à gauche une maison d'habitation avec un enclos richement boisé, et au fond de la droite, une fabrique au pied d'une haute montagne. A la plume, sur papier gris. L. : 9 p. 10 l. ; H. 7 p. 8 l.

RICCI (Sébastien), *né en* 1659, *mort en* 1734.

737. Apollon s'apprête à écorcher Marsyas. A la plume, lavé d'encre de Chine. H. : 15 p. ; L. : 11 p. 10 l.

ROBUSTI (Jacques), dit *il Tintoretto*, ou Le Tintoret, *né en* 1512, *mort en* 1594.

Deux dessins lavés au bistre et rehaussés de blanc, sur papier de couleur, montés sous verre dans leurs bordures de bois doré, provenant du château de la Malmaison, où ils décoraient un cabinet de l'empereur Napoléon.

738. L'un représente les Noces de Cana, composition de près de vingt figures. L. : 11 p. 5 l. ; H. : 7 p. 6 l.

739. L'autre offre Notre-Seigneur à table avec ses Disciples ; composition de huit figures. L. : 10 p. ; H. 7 p. 6 l.

ROGHMAN (Roland).

740. Vue d'un Village. Une Carriole attelée d'un cheval est arrêtée à la porte d'une auberge où deux Hommes, l'un assis, l'autre debout, s'apprêtent à boire. A la plume, lavé d'encre de Chine. *Morceau plein d'effet.* L. : 15 p. 2 l. ; H. : 8 p. 10 l.

ROMAIN (Jules). *Voyez* PIPI.

ROOS (Philippo), dit Rosa de Tivoli, *né en* 1655, *mort en* 1705.

741. Études de Chèvres. Au pinceau, lavé d'encre de Chine et rehaussé de blanc sur papier bleu. Il porte l'estampille du cabinet *Mariette*. L. : 9 p. 2 l. ; H. : 6 p.

ROSSI (François), dit Salviati, *né en* 1510, *mort en* 1563.

742. Persée vainqueur du monstre. A la plume, lavé de bistre et rehaussé de blanc sur papier bleu. H. : 10 p. 3 l. ; L. : 8 p. 6 l.

743. Roi barbare blessé à mort assis sur son bouclier. A la plume, lavé de bistre, sur papier jaune. L. : 14 p. ; H. : 9 p. 6 l.

RUBENS (Pierre-Paul).

744. La Manne dans le désert. Moïse, debout, à droite, remercie le Seigneur, tandis que des hommes et des femmes recueillent et emportent la céleste rosée. Composition de sept figures. Aux crayons noir et rouge, légèrement estompé et rehaussé de blanc. *Très beau.* H. : 13 p. ; L. 10 p. 9 l.

745. Groupe de trois figures d'Hommes, dirigées à gauche, que précède une figure de Femme nue prosternée et en acte d'adoration. A la plume, légèrement ombré et rehaussé de blanc. *Très beau.* Ce dessin a fait partie du cabinet de M. *de Tallard.* H. : 14 p. 2 l. ; L. : 11 p. 6 l.

746. Jésus disputant avec les docteurs, d'après Paul Véronèse. Au crayon noir et à la sanguine. L. : 15 p. 6 l. ; H. : 10 p. 3 l. — Le Martyre de saint Barthélemy, d'après Joseph de Ribera dit l'Espagnolet. Au crayon noir et à la sanguine. L. : 16 p. ; H. : 10 p. 9 l.

SACCHI (André), dit Andruccio, *né en* 1599, *mort en* 1661.

747. Religieuse, assise à droite, soutenue par deux petits Anges. Un grand Ange debout, du côté opposé, lui montre un dard. A la plume, lavé d'encre de Chine. H. : 13 p. ; L. : 8 p. 4 l.

SAFT-LEVEN (Herman).

748. Vue de l'extérieur d'une ville au bord d'une rivière. Sur un chemin qui y conduit, à gauche, on voit, au bas, deux Hommes conversant. A la plume, lavé de bistre et d'encre de Chine. L. : 12 p. 6 l. ; H. : 7 p. 8 l.

SALVIATI. *Voyez* Rossi.

SANZIO (Raphael) (École de).

749. David coupant la tête à Goliath. Cette composition est connue par la gravure de *Marc-Antoine* (n° 10 de son œuvre). A la plume, lavé de bistre et rehaussé de blanc. H. : 21 p. 3 l. ; L. : 15 p. 6 l. *Très beau.*

750. Le Christ se penchant comme pour retirer les ames des limbes. A la plume et légèrement lavé. H. : 3 p. 11 l. ; L. : 3 p. 6 l.

751. Scène du Jugement dernier, d'après *le Dante.* A la san-

guine. Ce morceau est exécuté d'une manière qui décèle *Marc-Antoine*. Dans un rond finissant en cœur par en bas. L. : 4 p. 1 l. ; H. : 3 p. 9 l.

752. Trois Morceaux fixés sur la même feuille, portant les timbres des collections *Lély* et *Mariette*. Le 1er offre un aigle aux ailes déployées, touché dans la manière de *Jules Romain*. A la plume, lavé de bistre léger et rehaussé de blanc. L. : 5 p. 9 l. ; H. : 2 p. 9 l. Le 2e représente quatre Enfans dans différentes attitudes, près d'un piédestal orné d'un mascaron. A la plume, dans le goût de *Perrin del Vaga*. L. : 3 p. ; H. : 2 p. 6 l. Le 3e représente un Satyre porté par un bacchant et deux Amours. A la plume, dans le goût de *Jules Romain*. L. : 5 p. 8 l. ; H : 3 p. 4 l.

SCHALCKEN (GODEFROY).

753. Hommes et Femmes dans un cabaret. A l'encre et au bistre. L. : 6 p. 8 l. ; H. : 6 p.

SCHIAON ou SCHIAVONE (ANDRÉ), *né en* 1522, *mort en* 1582.

754. Jésus dans la piscine. D'une plume énergique, lavé de bistre et rehaussé de blanc sur papier bleu. *Très beau*. Au revers est une étude au crayon noir. L. : 12 p. ; H. : 8 p. 3 l.

SERLIO (SÉBASTIEN), célèbre architecte, *mort vers* 1552.

755. Feuille de dessins de frontons et d'ornemens supérieurs de portes cochères et croisées. A la plume et lavé d'indigo. Au revers sont des entablemens et des frises, de corniches et de cheminées, traités de même. *Très beau*. H. : 15 p. 9 l. ; L. : 10 p. 4 l.

SOLIMENA (FRANÇOIS), *né en* 1657, *mort en* 1747.

756. L'Adoration des Bergers. A la plume, lavé de bistre. H. : 12 p. ; L. : 8 p. 6 l.

757. Conférence ecclésiastique, présidée par un pape, en présence du Sauveur dans sa gloire. A la plume, lavé d'encre de Chine. H. : 10 p. ; L. : 6 p. 6 l.

SWANEVELT (HERMAN VAN).

758. Paysage, site d'Italie, orné d'une fabrique en rotonde. A la plume, lavé d'encre de Chine et de bistre. L. : 7 p. 4 l. ; H. : 4 p. 9 l.

759. Étude des bords d'une rivière dans laquelle deux figures

se baignent. Au pinceau, lavé de bistre. L. : 9 p. 6 l.; H. : 3 p.

760. Paysage où l'on remarque un bouquet de grands arbres, à gauche. A l'encre de Chine. *Douteux*. Il est d'ailleurs taché. L. : 12 p. 3 l.; H. : 9 p.

TEMPESTA (Antoine), *né en* 1555, *mort en* 1630.

761. Deux Chevaux galopant, à gauche. A la plume, lavé de bistre et d'encre de Chine. L. : 7 p. 9 l.; H. : 6 p.

762. Combat de Cavaliers. A l'encre, lavé de bistre et rehaussé de blanc sur gros papier gris. L. : 15 p. 3 l.; H. : 9 p. 9 l.

763. Combat de Cavaliers, sur le premier plan. Au fond, des Éléphans armés s'avancent au combat. A la plume, lavé de bistre et d'encre de Chine. L. : 17 p. 3 l.; H. : 12 p.

TENIERS (David), dit le Vieux, *né en* 1582, *mort en* 1619.

764. Gogaille de Paysans, composition de dix figures, à la sanguine. L. : 15 p. 6 l.; H. : 10 p.

765. Intérieur d'une Tabagie, composition de six figures. A la sanguine. L. : 15 p. 10 l.; H. : 13 p. 9 l.

TENIERS (David), dit le Jeune, *né en* 1611, *mort en* 1690.

766. Paysage où s'élève, à la gauche du devant, un Cabaret à la porte duquel sont des Paysans qui fument. A la pierre noire, lavé de bistre et d'encre de Chine, sur papier gris. L. : 17 p. 3 l.; H. : 13 p.

TERBURG (Gérard), *né en* 1608, *mort en* 1679.

767. Officier assis nonchalamment sur un banc, le corps renversé et s'appuyant sur une table. Au crayon noir, sur papier bleu. H. : 7 p. 6 l.; L. : 6 p.

TIÉPOLO (Jean-Baptiste).

768. Deux Religieux en prières au pied d'un autel, où la Vierge paraît offrir à leur adoration l'Enfant Jésus auquel le petit saint Jean présente son Agneau. A la plume, lavé de bistre. H. : 13 p.; L. : 8 p. 3 l.

TINELLI (Tibère), *né en* 1586, *mort en* 1638.

769. Destruction des faux Dieux et guérison miraculeuse de Malades. A la plume, lavé de bistre. L. : 11 p. 2 l.; H. : 7 p. 9 l.

TINTORET (LE). Voyez ROBUSTI.

UDEN (Lucas VAN).

770. Paysage offrant, au bas à gauche, deux arbres qui s'é-

lèvent en se croisant. Du côté opposé, est une colline boisée, et au delà, plusieurs chaumières bordant un vallon. A la plume, lavé de bistre, d'encre de Chine et d'indigo. L. : 7 p. 1 l.; H. : 4 p. 4 l.

ULFT (Jacob VANDER).

771. Vue de monumens somptueux. Deux Mulets chargés se dirigent, avec leurs conducteurs, à la droite du bas. A la plume et lavé d'encre de Chine. L. : 8 p. 8 l.; H. : 5 p. 8 l.

VAGA (Perrin DEL). Voyez BUONACORSI.

VANNI ou VANNIUS (François).

772. Dispute de deux Docteurs à l'entrée d'un conclave. A la plume, lavé de bistre et rehaussé de blanc. H. : 9 p. 8 l.; L. : 8 p.

VASARI (Georges), *né en* 1512, *mort en* 1574.

773. L'Assomption. A la plume, lavé de bistre et rehaussé de sanguine et de blanc. H. : 9 p.; L. : 5 p. — Panneau d'ornement dans le goût de *Polidore*. Dans un encadrement, est représenté un Roi sur son trône, au pied duquel est une figure agenouillée. A la plume et lavé de bistre. L. : 11 p.; H. : 5 p.

774. Les Chefs des Grecs jouant aux échecs dans leur camp, lors du siége de Troie. A la plume, lavé d'encre de Chine. L. : 17 p. 3 l.; H. : 13 p.

VÉEN (Martin VAN), *dit* Hemskerke, *né en* 1498, *mort en* 1574.

775. Saint Roch, debout, entre saint Pierre et saint Paul, en avant des ruines d'un riche monument. Au bistre, rehaussé de blanc, sur papier de couleur. *Très beau*. Il porte l'estampille du cabinet *Crozat*. H. : 9 p.; L. : 6 p. 6 l.

VÉLASQUEZ (Jacques), *né en* 1599, *mort en* 1660.

776. Guerrier assis, tenant une palme. Une femme, assise à son côté, lui montre et une palme et une flèche, qu'elle tient d'une main. A la plume. H. : 9 p. 6 l.; L. : 7 p. 6 l.

VÉRONÈSE (Paul). *Voyez* CAGLIARI.

VERSCHURING (Henri).

777. Un Maréchal ferre un cheval, à la porte d'une écurie. Ce cheval est tenu par un jeune homme, aux pieds duquel on voit un chien couché. Un cavalier est au delà. Au bas, à droite, est le monogramme du maître, formé des lettres H V S, suivi d'un *f*. A l'encre de Chine. H. : 7 p. 6 l.; L. : 6 p. 6 l.

778. En avant d'un camp, on aperçoit deux chevaux tenus en main par deux palefreniers, non loin d'une cantinière qui, tout en parlant à un soldat, sert à boire à un homme debout derrière elle. Signé des noms du maître, suivis de l'année 1679. A l'encre de Chine. L. : 14 p. 6 l. ; H. : 11 p. 6 l. *Très beau.*

VIGNOLA. *Voyez* BAROZZIO.

VINCI (Léonard de), *né en* 1445, *mort en* 1520.

779. Trois précieux dessins de ce maître fixés sur la même feuille : le 1er offre un Vieillard foulé aux pieds, dans une chambre à coucher éclairée sur la campagne, par un homme qui semble en vouloir à ses jours. A la plume, sur papier azuré. L. : 5 p. 1 l. ; H. : 3 p. 6 l. — Le 2e représente les Études croquées à la plume de trois figures d'hommes conversant, et de trois Enfans plafonnant. Sur papier rosé. H. : 6 p. 5 l. ; L. : 4 p. 1 l. — Le 3e offre l'Étude à la plume du Martyre de saint Sébastien. Au revers sont des figures géométriques et quelques mots de l'écriture du maître tracés de droite à gauche. H. : 6 p. 5 l. ; L. : 2 p. 10 l.

780. Trois autres précieux dessins du maître fixés sur la même feuille. Le 1er offre deux Têtes précieusement finies à la plume, l'une d'un vieillard, l'autre d'un jeune homme, toutes deux de profil, dirigées à gauche. L. : 3 p. 9 l. ; H. : 3 p. — Le 2e présente la Tête, savamment esquissée à la plume, d'un homme vu de trois quarts, dirigé à droite. H. : 2 p. 5 l. ; L. : 20 l. — Le 3e représente un Pape célébrant le saint Sacrifice de la Messe dans une chapelle garnie d'assistans et de gardes. Léger croquis à la plume. H. : 3 p. 7 l. ; L. : 3 p. 6 l.

781. Buste grotesque d'un homme vu de trois quarts, dirigé à gauche et regardant de face ; sa tête est ornée de feuilles de vigne. A la plume et faite de peu. Ce morceau a été reproduit à l'eau-forte, par M. le comte *de Caylus*. H. : 7 p. 1 l. ; L. : 4 p. 6 l.

VITA (Timothée della), *né en* 1470, *mort en* 1524.

782. Un Guerrier et un Grand-Prêtre suivi d'un autre Personnage sont debout en avant d'un Autel de sacrifice. A la plume et légèrement croqué. Goût d'André *Mantegna*. H. : 9 p. 9 l. ; L. : 9 p. 3 l.

VLIÉGER (Simon de).

783. Étude de deux Matelots marchant à la file dans l'attitude de haler un bateau. Au crayon noir rehaussé de blanc sur papier gris. H. : 7 p. 6 l. ; L. : 5 p. 4 l.

784. Études de six Chiens de différentes espèces et d'une tête seule de Chien. Au crayon noir. Ce morceau est si beau, qu'il a été *baptisé* du nom de Carel Du Jardin. L. : 10 p. 8 l. ; H. : 7 p. 3 l.

VLIET (George Van).

785. Tobie le père et sa Femme, debout, à gauche, se dirigent du côté opposé où leur Fils paraît escorté de l'Ange. A la plume. L. : 7 p. 4 l. ; H. : 5 p. 9 l.

ZAMPIÉRI (Dominique), dit le Dominiquin.

786. La Communion de saint Jérôme. A la sanguine. H. : 15 p. 4 l. ; L. : 10 p. 2 l.

ZÉEMAN (Remi Nooms, dit).

787. Deux Vaisseaux, dont un en radoub à l'entrée d'un port. Deux Hommes sont assis à gauche au pied d'une tour. Au bistre et à l'encre de Chine. L. : 7 p. 4 l. ; H. : 5 p.

ZUCCHÉRO (Frédéric), *né en* 1543, *mort en* 1609.

788. Figure de Matrone, sur un piédestal. Elle est environnée d'une foule de personnages à mi-corps, à l'air grave, la plupart la regardant. Dans un rond. A la plume et lavé de bistre. Diamètre : 7 p. 9 l.

789. Tête de Femme dirigée à gauche, où elle regarde. Aux crayons rouge et noir. H. : 8 p. 6 l. ; L. : 6 p. 3 l. — Figure à mi-corps d'un Homme tourné à gauche et regardant de face. Il a une fraise et porte manteau. Aux crayons rouge et noir. H. : 8 p. 9 l. ; L. : 5 p. 10 l. — Homme, vu de face, jouant du cornet. Aux crayons rouge et noir. Même dimension.

ZUCCHÉRO (Taddée), *né en* 1529, *mort en* 1566.

790. La Présentation de la jeune Vierge dans le temple. A la plume et lavé. H. : 10 p. ; L. : 7 p. 6 l. — Le Martyre d'un saint. Au bistre. H. : 7 p. 5 l. ; L. : 6 p.

WAEL (Corneille de), *né en* 1594, *mort en* 1662.

791. Repas d'esclaves et de matelots, en avant de tentes occupées par un cuisinier et un barbier. Un groupe de trois

hommes, dont un Oriental, se voit vers le milieu. Lavé d'encre de Chine. L. : 10 p. ; H. : 6 p. 3 l.

792. Soldats attablés à la porte d'une hôtellerie. A la plume, et *très joli*. L. : 5 p. 3 l. ; H. : 3 p. 6 l.

WATERLOO (Antoine).

793. Riche Paysage garni, sur le premier plan, à gauche, d'un bouquet de gros arbres. Une rivière baigne le bas du côté opposé. Au delà, plusieurs collines dont les versans sont couverts de verdure. A l'encre de Chine. L. : 15 p. ; H. : 11 p. 6 l. *Très beau.*

WÉENIX (Jean-Baptiste), *né en* 1621, *mort en* 1660.

794. Étude d'un Trompette assis et vu de face. Au crayon noir. H. : 7 p. 2 l. ; L. : 4 p. 2 l.

WOUVERMANS (Philippe).

795. Halte de Cavaliers. A la pierre noire. Signé, au bas, à gauche : P. f W. L. : 5 p. 8 l. ; H. : 4 p. 3 l.

796. La Descente d'un chemin escarpé. Deux chevaux et un âne descendent un chemin très escarpé. Sauf un homme qui est resté sur sa monture, les deux autres suivent les leurs à pied. A la pierre noire, et signé, au bas, à droite : P. f W. L. : 6 p. 5 l. ; H. : 4 p. 11 l.

797. Quatre Cavaliers ont fait halte ; l'un d'eux est descendu de son cheval, qu'un maréchal se dispose à ferrer. A l'encre de Chine. L. : 13 p. 9 l. ; H. : 9 p. 9 l.

798. Écurie de poste. Vue d'une écurie où trois chevaux sont au râtelier. Un courrier se dispose à en sortir avec un postillon. A l'encre de Chine. L. : 14 p. ; H. : 8 p. 4 l.

www.ingramcontent.com/pod-product-compliance
Ingram Content Group UK Ltd.
Pitfield, Milton Keynes, MK11 3LW, UK
UKHW021545260726
13993UKWH00002B/645